Os ódios

LEITURAS PSICANALÍTICAS

As palavras voam, mas a escrita desafia o tempo. Preto no branco, os textos permanecem como restos, memorandos do desejo, matéria-prima da interpretação. Na teoria ou na literatura, nos autores e nos personagens, nos conceitos e nas anedotas, ao pé da letra, qualquer verdade esconde sua estrutura de ficção.

Leituras psicanalíticas: no artifício de uma retórica enigmática, o inconsciente fala, em alto e bom tom, nas entrelinhas.

Mauro Mendes Dias

OS ÓDIOS

Clínica e política do psicanalista

Seminário

ILUMINURAS

Coleção Leituras Psicanalíticas
Dirigida por Oscar Cesarotto

Copyright © 2012
Mauro Mendes Dias

Copyright © desta edição
Editora Iluminuras Ltda.

Capa
Eder Cardoso / Iluminuras
sobre *Davi* (alt. 1,70 m), mármore (1623), de Bernini.
Galeria Borghese, Roma.

Revisão
Leticia Castello Branco

CIP-BRASIL. CATALOGAÇÃO-NA-FONTE
SINDICATO NACIONAL DOS EDITORES DE LIVROS, RJ

D533o

Dias, Mauro Mendes
   Os ódios : clínica e política do psicanalista, seminário / Mauro Mendes Dias.
- São Paulo : Iluminuras, 2012.
   21 cm

   Obra composta de quatro reuniões sobre o tema do Seminário Fanatismo,
Ódio e Terrorismo, realizado entre junho de 2008 e janeiro de 2009 em Campinas.
   ISBN 978-85-7321-370-6

   1. Psicanálise. 2. Ódio. I. Título.

12-1322.   CDD: 150.195
                            CDU: 159.964.2

08.03.12   13.03.12   033673

2021
EDITORA ILUMINURAS LTDA.
Rua Inácio Pereira da Rocha, 389 - 05432-011 - São Paulo - SP - Brasil
Tel./Fax: 55 11 3031-6161
iluminuras@iluminuras.com.br
www.iluminuras.com.br

SUMÁRIO

Apresentação, 11
  Maria Rita Kehl

Introdução, 19

PRIMEIRA REUNIÃO, 21
O ódio, os ódios

SEGUNDA REUNIÃO, 53

TERCEIRA REUNIÃO, 91
Ódio, espaço e exterior

QUARTA REUNIÃO, 117
Perguntas, dúvidas e esclarecimentos

Sobre o autor, 141

À Cristina, pela graça.

Ao Tiago, por um Outro futuro.

APRESENTAÇÃO

Maria Rita Kehl

É com enorme alegria que apresento aos leitores o livro resultante do Seminário Os Ódios, *ministrado entre junho de 2008 e janeiro de 2009 em São Paulo, pelo psicanalista Mauro Mendes Dias. Não é o primeiro seminário publicado pelo autor. Em 2003, nos meses de abril a agosto, o Instituto de Psiquiatria de Campinas do Hospital Irmãos Penteado abrigou o grupo que participou do Seminário sobre Neuroses e Depressão, publicado em dois volumes por aquela instituição. A leitura de* Neuroses e Depressão[1] *marcou, para mim, uma possibilidade de incluir no campo da psicanálise uma teoria da depressão, essa forma contemporânea do mal-estar cuja compreensão parecia reservada ao campo das neurociências. Mauro Mendes Dias entende a depressão como uma posição particular do sujeito, que consiste em, nas palavras do autor, "cair antes da queda". A posição fantasmática do depressivo seria marcada pelo fato de o sujeito "escorregar" para fora do conflito edípico de modo a evitar a rivalidade com o pai.*

Neste Os ódios... *o autor mantém frente ao cânone lacaniano a mesma independência de pensamento que, aliada a um rigoroso manejo da teoria, lhe autoriza a acrescentar ao título:* clínica e política do psicanalista. *Com uma argumentação rigorosa, mas sem prescindir de grande liberdade de pensamento, a investigação clínica empreendida pelo autor sobre a metapsicologia dos ódios*

---

[1] Mauro Mendes Dias. *Neuroses e Depressão*. Campinas: Instituto de Psiquiatria do Hospital Armando Álvares Penteado, 2007.

conduz o leitor por uma via que inclui importantes reflexões sobre a psicanálise como prática (também) política.

A princípio, parece evidente que a questão do(s) ódio(s) seja, além de clínica, política. Todas as patologias sociais ligadas ao fanatismo, à intolerância, à segregação, exigem uma compreensão teórica dessa paixão triste, *que ao lado do amor e da ignorância formam o conjunto do que Lacan denominou paixões do* ser. *São paixões que suspendem temporariamente a barra que separa significante e significado, gerando fortes convicções sobre a verdade. O ódio é vivido por quem é tomado por ele como o "triunfo do significado", na expressão do autor (p. 27 da primeira reunião). Ao deixar o sujeito sem qualquer "referência de impossibilidade", o ódio tenta refazer o* ser *onde havia um sujeito barrado. Do ponto de vista da precipitação do gozo, pode-se dizer que ao tornar supérfluo o "tempo de compreender", o ódio possibilita ao sujeito passar diretamente do "instante de ver" ao "momento de concluir"*[2] — em ato. *Se as convicções do ódio não exigissem do sujeito que se pensa dono da verdade uma resposta* em ato *ao enigma do gozo do outro, o problema do ódio estaria limitado ao campo da clínica que aborda o sofrimento psíquico.*

Não é apenas como patologia social, porém, que o ódio pede para ser pensado ao lado da política. Mauro Mendes Dias propõe ao leitor uma reflexão sobre a positividade do ódio, a começar pela paixão de Antígona, que desafia a lei de Creonte movida "não pelo amor, e sim pelo ódio" (referência na p. 25 da primeira reunião). Ao sustentar seu desejo de destruir o que lhe parece injusto ou intolerável, o sujeito se faz reconhecer, no espaço público onde se manifesta, a partir de seu *ódio. O desafio de Antígona ilustra a forma*

---

[2] Jacques Lacan. "O tempo lógico e a asserção da certeza antecipada" (1945), in *Escritos*, v. 1, Rio de Janeiro: Jorge Zahar, 1998, p. 187.

como o ódio move o sujeito a desprender-se das identificações imaginárias com os semelhantes para precipitar-se na direção em que sua convicção — mas também, seu desejo — lhes indica. O ódio pode ser, em alguns casos, a condição da emancipação do sujeito em relação à demanda do Outro. Esta seria, aliás, uma das indicações para se refletir também a respeito da positividade do ódio na transferência. Em vez de compreender o ódio que surge do lado do analisante como efeito de intolerância à frustração, tal como sugerido por autores da escola inglesa, Mauro Mendes Dias defende o caráter emancipatório das manifestações de ódio despertadas na transferência. O ódio nesse caso só conduziria a uma interrupção da análise se o analista se revelasse incapaz de legitimar a suposta resistência do analisante em satisfazer suas expectativas, e assim respondesse aos protestos daquele como se fossem meras evidências de sua intolerância infantil à frustração. Nessa passagem, o leitor haverá de perceber a radicalidade da proposição lacaniana de que a resistência pode estar do lado do analista.

Qual o aspecto político da clínica do psicanalista? Ele está presente desde o início, e se evidencia mesmo para aqueles que não desejam ir além da ortodoxia freudiana. Nas palavras de Mauro Mendes Dias, a tradição freudiana de abordagem do sujeito pela transferência e o laço social, permite estabelecer a "conexão entre a clínica e a política do psicanalista" (p. 106 da terceira reunião). A política do psicanalista seria o avesso da clínica médica, que ocupa o lugar do discurso do Mestre. A psicanálise não é a aplicação de um saber prêt-à-porter, supostamente capaz de curar a dor de viver daquele que a procura. É uma empreitada de percurso incerto, mas cuja finalidade Lacan não hesitou em chamar de direção da cura. Esta consiste em conduzir o sujeito desde o amor (edípico/de transferência) até o encontro com o vazio que move seu desejo. Seria excessivo dizer: um percurso que vai da escravidão à liberdade? Creio que não. O neurótico *é aquele que, capturado por sua posição fantasmática perante o Outro, vive como se fosse um escravo em busca de um Mestre a quem servir.* Che vuoi? *Ao assumir até as últimas consequências a política da psicanálise, Mauro Mendes Dias faz jus ao fato de definir seu ensino e sua atividade de escrita como prática de uma* psicanálise em extensão, *por oposição à "psicanálise aplicada", que consiste, como se sabe, na confortável aplicação dos modelos teóricos freudianos aos fenômenos sociais e manifestações da cultura que excedem o contexto clínico. A diferença entre as duas atitudes reside em que, no caso da psicanálise aplicada, o psicanalista se empenha em sustentar um enunciado à parte da falta que o constitui. O sujeito da enunciação não se apresenta quando aquele que domina um* corpus *teórico supostamente acabado limita-se a aplicar os enunciados ao real, contornando a falta de saber, ou de verdade, que se impõe a todos nós diante de um novo objeto de interesse ou de inquietação. Daí para a estagnação do pensamento e a adesão de muitos psicanalistas a formações institucionais que se esforçam por "dobrar o mundo às Verdades da psicanálise" (p. 124 da quarta reunião), o caminho é curto. Políticas do Pai, como aponta o autor.*

Vale lembrar que em seu último seminário traduzido no Brasil, Jacques Alain Miller proclama que, se o mundo tem sido cada vez mais hostil à verdade psicanalítica, cabe aos psicanalistas que se recusam a trair o legado de Freud e Lacan isolarem-se do mundo e fazer da psicanálise uma espécie de seita, fundada a partir de uma língua cifrada incompreensível para o resto da sociedade. De acordo com Miller, os psicanalistas "precisam ser formados numa língua especial. E à parte. Eles precisam de um enclave".[3] Tal atitude segregacionista me parece oposta à do próprio fundador da psicanálise, interessado em repensar continuamente sua teoria a partir dos sintomas sociais que o interrogavam em sua época, sempre em diálogo com as outras áreas das ciências humanas: a literatura, a filosofia, a antropologia. Além disso, Freud construiu seus conceitos a partir da linguagem cotidiana e popular escutada em sua clínica e nas ruas de Viena.[4] Nesse aspecto, a escrita e o ensino de Mauro Mendes Dias preservam a proposta emancipatória de Freud, na via oposta do estilo cifrado de Lacan. No presente livro nota-se a apuração do esforço de clareza iniciado em Neuroses e depressão: *o autor escreve de modo a conduzir o leitor a pensar junto com ele, e acompanhar o percurso de sua argumentação. Com isso, estabelece uma dialética entre o lugar do Mestre que sabe e o lugar comum dos outros, que se esforçam por entender. Os efeitos dessa recusa em ocupar o lugar do UM se evidenciam na maneira como o recorte escolhido pelo professor se esgalha e se expande a partir das questões propostas pelos participantes do seminário.*

Leal ao legado de Lacan, Mauro Mendes Dias tem se engajado com honestidade na tarefa de "reinventar a psicanálise" sem, com isso, abolir sua filiação. Não se trata de tentar ser pai de si mesmo e "começar tudo de novo" (p. 87 da segunda reunião), mas de arriscar-se a pensar sempre um pouco adiante do terreno protegido pela sombra dos mestres, onde só se produzem variações

---

[3] Jacques-Alain Miller. *Perspectivas dos escritos e outros escritos de Jacques Lacan — Entre desejo e gozo.* Rio de Janeiro: Zahar, 2011, p. 15.

[4] Ver a introdução de Marilene Carone para sua tradução do texto de Freud, "Luto e Melancolia" (São Paulo: Cosac & Naif, 2012). A autora afirma que "A julgar pelas escolhas que ele [Freud] fez para a terminologia psicanalítica, trata-se da fala cotidiana, a fala natural, que todo mundo fala e identifica. (...) É sabido que preferia o que ele chamava de 'a clara língua do povo' à terminologia latinizada dos acadêmicos e eruditos. Os termos do vocabulário básico da psicanálise podem ser facilmente reconhecidos e utilizados por qualquer ginasiano de língua alemã, pelo menos da geração contemporânea de Freud".

da psicanálise aplicada. A escolha pela psicanálise aplicada é uma tentativa daquele que a pratica, de ser *psicanalista.*

Mas — "se há algo a que é preciso fazer objeção é à "existência do psicanalista", argumenta o autor, ao nos lembrar que Freud incluiu a psicanálise entre as chamadas "profissões impossíveis": "o psicanalista não é da ordem da existência" (p. 80 da segunda reunião). A partir dessa observação, Mauro Mendes Dias conduz o leitor a uma série de ressalvas a respeito do modo como os psicanalistas se relacionam com sua filiação teórica ("a filiação como imperativo nada mais é que uma degradação da autorização...", p. 78 da segunda reunião), ou se fecham nas comunidades institucionais na esperança de fazer UM com a psicanálise. São as apostas aparentemente seguras daqueles que colam seu discurso ao do Mestre. Nesse ponto torna-se necessário introduzir uma reflexão sobre outro aspecto clínico do ódio, aquele que se manifesta na paranoia. É quando a divisão do sujeito parece advir como efeito da ação malévola do Outro — qualquer Outro que seja não-eu, a ameaçar com sua diferença a suposta integridade do Ser —, que a paranoia revela sua face mortífera.

Depois de apresentar a positividade do ódio, é preciso refletir sobre as patologias narcísicas que mobilizam as políticas segregacionistas, a começar pelas instituições psicanalíticas. Mendes Dias retoma a conhecidíssima recomendação de Lacan de que "o psicanalista só se autoriza dele mesmo" para lembrar o complemento da frase: "...dele mesmo... e de alguns outros*". Não é a "exclusão fundadora" de uma escola ou uma instituição que vai garantir a* identidade *do psicanalista, e sim sua abertura ao diálogo permanente com o Outro da psicanálise, ou seja: a sociedade em que ele vive. A partir daí Mauro Mendes Dias propõe que, além da análise pessoal, da supervisão e da vida institucional, a formação do analista deva passar pelo exercício*

16

de uma escrita que se dirige para leitores fora da escola a que ele pertence. De preferência, para fora do próprio campo da psicanálise. "O não analista é, nessa referência, aquele que participa do 'alguns outros' como mais um que transfere com as iniciativas de reinvenção da Psicanálise, causa da sua política. A depender do lugar onde essas iniciativas se constituem, o não analista poderá ser o não analisado". (p. 125 da quarta reunião).

Tal abertura fratura o Ser do psicanalista, uma vez que o diálogo com todos os que estão fora de psicanálise introduz necessariamente o discurso do Outro, ou dos outros, no seio do pensamento daquele que dialoga. O pensamento, como nos ensinou Aristóteles, é um diálogo permanente com o outro que nos habita. O pensamento só existe fora da convicção, ou seja: da paixão de Ser. Só existe para o sujeito dividido. A política da Psicanálise é aquela que ousa, ou deveria ousar, manter "a perda e o fracasso" como íntimos. Daí sua aliança criativa com o humor e o riso, comemoração da falta que os sujeitos compartilham sem se sentir humilhados. Também o leitor há de compartilhar da construção desse pensamento abrangente, mas inconcluso, de um psicanalista que não se pretende suficiente para esgotar seu objeto.

Melhor assim. "As suficiências não riem" (p. 129 da quarta reunião).

INTRODUÇÃO

O texto a seguir é composto de quatro reuniões sobre o tema dos ódios, na época apresentado como seminário a um grupo de psicanalistas em São Paulo.

Procurei conservar o caráter de fala, tal como pronunciada, ainda que tenham sido refeitas algumas passagens, seja a título de precisão ou extensão dos problemas abordados. Mantive presentes as perguntas assim como as respostas dadas ao público, tendo em vista que as intervenções são parte constitutiva do texto.

A nomeação "Clínica do Psicanalista" procura salientar que, na Psicanálise, a experiência se encontra na dependência do manejo do psicanalista, assim como do compromisso e responsabilidade que mantem com sua função; o que leva a situar aquele que conduz os tratamentos em função de um desejo e não de uma habilitação ou capacitação que se solidarizam com ideais de eficiência.

O leitor poderá notar que, devido à conservação do caráter de fala, não me detive em listar uma bibliografia que orientou as elaborações. Contudo, quando necessário, ela é indicada no decorrer do texto.

Na terceira e quarta reuniões, existem referências a questões ligadas ao terrorismo, assim como a seitas religiosas e ao discurso da ciência. Constituem objeto de pesquisa, como extensão da Psicanálise, há alguns anos. Primeiramente, tais estudos foram publicados no livro *Por causa do pior*, em parceria com Dominique Fingermann.[1] Outras articulações foram realizadas no Seminário "Fanatismo, ódio e terrorismo" (a ser publicado),

---

[1] Dominique Fingermann e Mauro Mendes Dias. São Paulo: Iluminuras, 2005.

na Universidade Federal do Paraná, promovido pelo Núcleo de Direito e Psicanálise, daquela universidade, alguns meses antes do seminário de agora. Uma exposição de nove artistas, intitulada "Explosão", realizada na cidade de Campinas, baseou-se em dois textos que estenderam tais elaborações.

Um trabalho como esse, que envolve organização do espaço, gravação, transcrição, correção e retomada, não teria sido possível caso não tivesse contado com a colaboração dos que participaram dele. Luciana Lorens Braga disponibilizou o salão para as quatro reuniões. Maria das Graças del Corso colaborou com a gravação e transcrição das reuniões. Cristina Helena Guimarães se ocupou e tem se ocupado em tornar possível a publicação dos seminários, gravando e transcrevendo, ao mesmo tempo que participa deles. Outros colaboraram para que os intervalos fossem aproveitados com sabor!

Como afirmado antes, a presença do público teve um papel decisivo no sentido de me orientar nos pontos que mereciam ser articulados, para além do que havia sido preparado. A cada um dos presentes o meu agradecimento.

Continuamos trabalhando juntos, na companhia de alguns outros, agora reunidos sob o tema que conclui o presente livro.

Primeira Reunião

O ÓDIO, OS ÓDIOS

Acredito que estes encontros serão uma oportunidade de retomar um conjunto de elaborações sobre a clínica do psicanalista, assim como fundamentos teóricos que me parecem importantes em relação ao tema que nos reúne. No decorrer das apresentações, vou indicando os textos a partir dos quais pode-se buscar um aprofundamento das questões.

Em primeiro lugar, penso que alguns possam ter se surpreendido e até se perguntado: por que o ódio aparece no plural nesse título? Em função de quê?

O tratamento do conceito de ódio pelo plural permite-me fazer algumas distinções que, embora muitas vezes fundamentais, tendemos a desconsiderar. Em Freud, por exemplo, não existe uma unidade de elaboração sobre a questão do ódio, mas, pelo menos, dois momentos capitais que nos permitem distinguir os campos de elaboração. Muito cedo, Freud articula a questão do ódio como diretamente implicada na dinâmica da transferência — o que significa que, na nossa experiência clínica, o ódio é uma dimensão privilegiada naquilo que Freud intitulou "transferência negativa". Transferência negativa e manifestações do ódio aparecem, portanto, como sinônimos. Em contrapartida, Freud apresenta uma meticulosa elaboração sobre a constituição do sujeito, a partir da qual o problema do ódio obtém um papel decisivo em termos da metapsicologia. Isso significa que a constituição do mundo psíquico e a noção de exterioridade estão diretamente vinculadas ao ódio, porque para o ego-prazer originário, aquilo que vem do exterior e que é causa de desprazer, como satisfação não realizada, rompe com a unidade egoica e é causa de ódio.

Pode-se ver, portanto, que não se trata de elaborações necessariamente coincidentes, ainda que haja um fundamento metapsicológico da transferência pela repetição inconsciente. Entre ódio e ódios, a escolha do plural foi uma espécie de alternativa estratégica, exatamente para poder destacar cada um desses pontos nas suas diferentes modulações.

Assim como não há uma unidade de elaboração sobre o ódio em Freud, tampouco existe superposição entre a elaboração freudiana e a elaboração lacaniana sobre o tema.

No que se refere à elaboração de Jacques Lacan, a partir do Seminário 1, no último capítulo, "O conceito de análise", já se encontra uma articulação sobre o ódio pela civilização científica; articulação que não é encontrada em Freud. Mais tarde na obra, a partir do final dos anos 1960/1970, a civilização científica vai receber o nome de *discurso da ciência*. Uma das condições de promoção do ódio pelo discurso da ciência é a objetivação do sujeito, e digo que isso não é coincidente entre Freud e Lacan, porque não se desconhece que Freud mantinha a ciência em alta conta, a ponto de acreditar que haveria uma saída, uma aliança para o futuro da psicanálise, e que tal êxito, como perpetuidade da psicanálise, se sustentaria na ligação da psicanálise com as ciências, em detrimento do avanço da religião. Não é esse o ponto de vista de Jacques Lacan, ao menos se se considera que, para Lacan, haveria por parte da Psicanálise a tarefa de reintroduzir o Nome-do-Pai na consideração científica. Portanto, o campo da ciência não estaria marcado, de saída, pela prontidão para uma aliança visando o combate das ilusões.

O tratamento do ódio no plural permite, ainda, levar a questão a um nível de depuração mais avançado e que me parece importante distinguir: o fenômeno do ódio no campo do masculino e no campo do feminino. O ódio vivido pelo homem não é equivalente ao ódio vivido por uma mulher. No campo das psicoses essa distinção é frequentemente apreensível. Não sei se já tiveram a oportunidade de ler, mas, se não tiveram, peço que leiam, a partir deste encontro, os dois casos de psicose relatados por Lacan, tanto o caso Aimée, em sua tese, quanto o das Irmãs Papin, em anexo — ambos são casos em que a dimensão do ódio é fundamental. Não existe esse mesmo privilégio quando da abordagem do ódio em Schreber, por exemplo. Aliás, essa é, desde então, uma das diferenças entre Freud e Lacan em relação à questão das psicoses. O fato de Lacan ter privilegiado a articulação da questão da psicose através de mulheres vai suscitar uma série de questões diferentes daquelas que foram destacadas por Freud.

Sabe-se que para elaborar a dimensão do ódio, que se distingue entre o homem e a mulher, vai ser preciso levar adiante uma interrogação: como é que se pode abordar a questão do ódio a partir da referência fálica? — é o que, basicamente, vai distinguir as manifestações do ódio entre os homens e as mulheres. Gostaria também de chamar atenção para o fato de que o tema do ódio é muito pouco articulado, e mesmo alvo de pouca reflexão. E digo que isso é curioso, porque me parece que há uma espécie de silenciamento sobre o problema, com exceção de alguns autores, como é o caso de Jacques Hassoun, no livro *O obscuro objeto do ódio*; e Jacques Lacan, que o articula em diferentes momentos, a ponto de avançar em questões inéditas no Seminário 20 em particular, no capítulo que chama "Rodinhas de barbante".

Surpreende que o ódio seja uma questão tão pouco abordada. De fato, isso deixa entrever certo compartilhamento com os ideais morais da nossa civilização — que procuram sempre manter o ódio afastado da vida cotidiana como sinônimo do que deve ser eliminado. E é certo que, dependendo do lugar a partir do qual o psicanalista maneja a transferência, o ódio vai poder ou não encontrar lugar numa análise, inviabilizando algumas delas no sentido dos limites da experiência — até onde poderia avançar — ou então, produzindo fenômenos que Jacques Lacan chamou de intelectualização, em se tratando da neurose obsessiva. Temos aí colocados dois tipos de consequências que podem ser aprendidas numa ausência de consideração sobre o ódio no manejo da transferência: a interrupção daquilo que é esperado em relação ao ponto a que uma análise pode levar um sujeito, assim como a promoção de efeitos de intelectualização, no sentido de racionalização, a qualquer manifestação mais exasperada de sentimento levando a antecipar uma explicação. Esse fenômeno é de tal forma verdadeiro, isto é, de tal forma presente em nossas comunidades analíticas, que talvez já o tenham experimentado: alguns sujeitos que tiveram as suas análises conduzidas segundo uma posição coincidente com essa a que me refiro, quer dizer, mantendo certo afastamento, certa desimplicação da presença do ódio, quando experimentam outro tipo de análise têm muita dificuldade de aceitar um manejo de transferência que permita trazer à tona tais manifestações. Em geral, tendem a considerar que essa outra análise, por exemplo, não é tão interessante assim, na medida em que não provoca tanta elaboração, não faz pensar tanto... São questões que, no decorrer destes encontros, iremos poder nos deter.

O ÓDIO COMO PAIXÃO

Comecemos, em relação ao ódio, por sua etimologia. Ele vem do latim *odium,* desde então tem uma significação coincidente com aquela que é própria a da nossa língua, é sinônimo de aversão e repugnância. Nesse sentido pode-se apreender por que a temática do ódio merece desde sempre uma dedicação muito especial da nossa parte, porque é certo que é um tema que evoca, pela própria definição, uma evitação. Encontramos, pela etimologia que vem do grego — *odeum* — com "e", no grego, *odéon* [ωδειον] significa 'pequeno teatro', lugar em que havia concursos de música e poesia. São construções bastante diferentes, como se pode notar, uma vez que, com esse pequeno teatro, espero poder levar adiante essa etimologia (ligada a certa homofonia entre as raízes latina e grega), recordando o teatro grego, no qual a presença do ódio é insistente.

Relembremos uma das peças do teatro grego, *Antígona*, trabalhada por Lacan no Seminário da Ética da Psicanálise. Num determinado momento da peça, Ismênia, irmã de Antígona, pergunta-lhe por que ela reage de forma tão radical diante das proibições de Creonte. Ela responde: "eu não sou movida pelo amor, mas sim pelo ódio". Sabemos que a revolta de Antígona se referia as proibições que impediam o sepultamento de seu irmão. Vocês veem que, nessa passagem, Antígona nos revela um componente fundamental do ódio. Diz respeito a sua positividade. Tal condição se refere a necessidade de fazer reconhecer as condições que o mundo simbólico determina para qualquer sujeito humano como merecedor dos rituais fúnebres, que lhe são coextensivos . Está aí um fator relativo ao ódio que geralmente passa despercebido — sua positividade. Ela está diretamente implicada na condição do sujeito se fazer reconhecer pelo ódio. De forma mais extensa, vamos poder encontrar essa condição em diferentes fenômenos relativos à violência social.

Como já disse, na nossa língua o ódio se define por esse sentimento de profunda antipatia, ou como uma paixão; uma paixão que conduz ao mal. Ele é sinônimo de repulsa, de horror.

Parece-me necessário, para apreendê-lo psicanaliticamente, não confundir com as definições correntes, caso contrário não chegaremos a poder reconhecer sua presença positiva, além de negligenciar sua complexidade e determinação na experiência dos tratamentos.

Se Freud considerou que a transferência se modula positiva e negativamente, e adotou o ódio como um fator constitutivo da experiência humana, será preciso responder então: do que falamos quando falamos de ódio? Para falar do ódio, vou começar definindo-o como uma paixão. Vocês sabem que esse foi exatamente o ponto de partida que Jacques Lacan deu à abordagem apresentada no Seminário 1: o ódio como uma das paixões do Ser, aliado ao amor e à ignorância. São três as paixões do Ser; entretanto, é preciso entender o que significa uma paixão. Para entender a paixão, deve-se situá-la pelo aporte do signo linguístico como retomada da relação do significante com o significado, pela Psicanálise.

A paixão se caracteriza pela suspensão provisória da barra que separa o significante do significado, portanto, em função dessa suspensão o sujeito vive as experiências da paixão de forma unívoca, já que aquilo que qualifica a paixão se refere a essa certeza que cada um tem sobre as suas ações e sentimentos. O apaixonado não duvida, não hesita. É por isso que uma das maneiras de definir psicanaliticamente a paixão, se introduzindo no problema, tem que ver com a suspensão da relação do significante com o significado, porque, uma vez suspensa essa barra, o sujeito não tem mais referência de impossibilidade; ao contrário, os significantes da paixão determinam uma relação de superposição com o significado. O que leva o apaixonado a essa estranha coerência de pensar tal como sente e sentir tal como pensa. E é insistindo nessa condição de uma provisoriedade da suspensão que não se confunde a paixão com a psicose. O que, ao mesmo tempo, reafirma os ditos populares de que a paixão, tal como o fogo de palha, acende e logo apaga.

Se temos essa vocação da paixão em apresentar o sujeito de forma unívoca, sem vacilação, encontramos também uma outra tipicidade: o sujeito não somente suspende sua divisão, mas todo o mundo à sua volta é significado em função dela. Por isso podemos dizer que a consequência da suspensão provisória dessa divisão é que o mundo do apaixonado é um mundo em que encontramos um triunfo do significado, por isso se diz que a paixão é cega, que o sujeito olha tudo segundo a mesma ótica, o mesmo significado.

Assim como se diz que a paixão é cega, diz-se que o sujeito está cego pelo ódio, também. E o que essa condição de um triunfo do significado promove? Promove — pela elisão — o afastamento de qualquer agenciamento simbolizante. Se estamos nessa via de aproximação da paixão com o ódio, do ódio como uma paixão, uma paixão do Ser, entendam que, quando Lacan fala em paixão do ser — e o ser no sentido de ser significante — é esse o primeiro movimento de retomada da elaboração freudiana. É porque se trata de uma paixão do Ser como ser de significante que a paixão é situável a partir do signo linguístico, relido pela Psicanálise. Essa ausência de divisão – que é própria à paixão e que, por sua vez, é própria ao ódio – é o que leva o sujeito a não ter qualquer tipo de evitação em relação à morte, ao contrário, são exatamente os limites da morte que são suspensos pelo apaixonado. As chamadas condutas de risco, como se diz classicamente, são encontradas, não por acaso, nos sujeitos apaixonados. Contudo — e esse é um ponto decisivo da experiência psicanalítica —, a psicanálise não tem nenhum objetivo de curar ou evitar paixões.

Como afirmado anteriormente, uma das dificuldades que encontramos para abordar o tema deste seminário é bem o fato de ele ser tão significativamente silenciado. Infelizmente, devido a alguns manejos, o campo da nossa práxis tende a promover uma pasteurização do humano, na medida em que conduz a experiência da análise através de uma escala de valores comprometida em produzir sujeitos equilibrados. É o que pode haver de pior. Principalmente quando o triunfo desse equilíbrio encontra-se diretamente relacionado à eliminação do ódio. Por isso mesmo, um de nossos temas, que me parece importante para um público de analistas, é poder se interrogar sobre o destino do ódio. Qual o destino do ódio no final de uma análise?

Se o ódio pode ser assimilado ao campo das paixões, é mesmo porque, assim, ele estabelece uma condição de indissociabilidade com o Outro. Essa relação com o Outro, uma vez que não participa da divisão, é uma relação que mantém a sua aposta na morte. Onde não temos divisão, temos uma relação com a morte, já que a morte se inscreve no campo da nossa experiência pela diferença, por aquilo que é o mundo simbólico, pois à morte propriamente dita, como falecimento, nenhum de nós tem acesso pelo saber.

Se temos uma condição da paixão pelo ódio, da qual partimos como suspensão provisória da diferença, temos necessariamente uma aposta na consecução da morte como destruição. Para tanto, basta acompanhar os textos de Freud sobre a neurose obsessiva; neles vamos reconhecer a aproximação estreita entre ódio e pulsão de morte. Essa condição não deve ser tornada única, já que vamos reencontrar outras implicações a partir das elaborações sobre o masoquismo. Se o ódio é uma paixão do ser, ele também tem um outro estatuto eminentemente freudiano: é constitutivo da nossa primeira concepção de espaço e de exterior.

Comecemos a acompanhar a constituição do sujeito através do que Freud propunha como "ego-prazer", o que permite pensarmos em uma troca recíproca entre a criança e a mãe, de forma ideal. E esse ego-prazer, ele só quer saber do quê? Ele só quer saber de satisfação. Ele vive o quê? O movimento da pulsão. Não temos aí ainda o sujeito marcado pelas identificações a partir das quais ele vai advir como "Eu". Isso é cronologicamente apreensível. É a diferença entre um sujeito movido pela pulsão e um sujeito já integrado no campo do significante. É esse movimento, essa diferença, que Lacan intitula "estádio do espelho". O ego-prazer funciona segundo uma condição de fratura, ou seja, só existe o interior, só existe aquilo que é próprio à satisfação. É um movimento do organismo que só quer saber de ter atendidas as suas necessidades pulsionais. A condição de não ter satisfeita essa necessidade coloca em exercício o quê? O ódio.

Ódio e desejo do Outro

Então, o que é o ódio? O ódio, desde a constituição do psiquismo, confunde-se com a dimensão do desprazer. Se esse organismo está em relação com um Outro, evidentemente numa quase reciprocidade, o ódio é um fator que está antes do sujeito. Antes do sujeito por quê? Porque essa condição de frustração das necessidades é uma condição da espécie. E o que é essa frustração das necessidades? É a condição de existir desejo na mãe, de esse desejo não estar tomado pelo filho por inteiro. O ódio está antes do sujeito porque ele se inscreve nessa condição do Outro ser castrado, daí sua impossibilidade de atender todas as necessidades e demandas que lhe são dirigidas.

A dimensão da frustração tem íntima relação com o tipo de presença do "não" no desejo da mãe. Quanto menos o desejo da mãe atualiza essa presença de um 'não' que vai frustrar as demandas da criança, quanto menos isso incide nelas, menos a criança experimenta o ódio, e é certo que existem consequências de uma experiência restrita em relação ao ódio. Um exemplo disso é quando se fala que as crianças mimadas são movidas pelo imperativo, que elas têm de ser atendidas a qualquer custo, crianças que são quase ineducáveis. Mas por que existe isso? É porque a mãe não tem uma relação à altura com a metáfora paterna? Uma relação com seu próprio desejo? Por que o ódio é desde cedo um elemento que comparece de forma tão decisiva na constituição? Porque, quanto menos o desejo da mãe atualiza a frustração das necessidades e demandas, mais ela opera multiplicando, estendendo o campo do narcisismo. Então, quanto menos ela faz agir a frustração, quanto menos faz o seu bebê viver a insatisfação, mais ela se constitui na relação com o filho conservada numa condição de onipotência, ou seja, de ser aquela que tudo pode e de quem ele depende por inteiro.

A partir desse ponto pode-se notar a relação do ódio com o narcisismo porque, uma vez evitada a frustração, como vai se estabelecer uma relação entre a criança e a mãe? Uma relação baseada em quê? Num amor idealizado. E amor idealizado significa o quê? Que a mãe é possuidora do falo, ou seja, que ela pode atender a tudo que a criança deseja. Mas se o ódio se estrutura pela relação com o desejo da mãe, haverá manifestação dele, uma vez que o desejo da mãe se qualifica pela presença do Outro. Essa presença, enquanto sinônima de ser habitada pela metáfora paterna, é a expressão do desejo da mãe no sentido de haver desejo nela que remete a um mais além do filho.

Enfim, será que a metáfora paterna é suficiente para articular o que vem sendo exposto?

Houve, e ainda há certa tendência a querer fazer equivaler metáfora paterna com eficácia do desejo. Perde-se de vista, assim, que há uma determinação do imaginário pelo narcisismo, que é suficiente para encobrir efeitos diferenciadores.

Não se deve pensar, por exemplo, que aquele que não tem ódio é aquele ao qual correspondeu uma experiência com a mãe em que a metáfora paterna não atuava, enquanto aquele que tem ódio teria vivido uma experiência com a mãe na qual ela mantinha presente a dimensão do seu desejo. A reunião de ao menos três elementos é uma condição necessária para poder refletir sobre essas diferentes questões, próprias à clínica do psicanalista.

A partir deste ponto, pode-se notar que o ódio vai ser, ao mesmo tempo, uma experiência que o sujeito vai viver, devido ao fato de que o desejo da mãe não é capaz de atender a todas as suas demandas, e em muitos momentos esse ódio vai ser recoberto, porque desde as suas primeiras relações há um privilégio do fator narcísico, do fator egoico, em detrimento do fator simbólico ou diferenciante.

Estamos agora de posse dos primeiros elementos, muito tênues, mas, enfim, são os primeiros necessários para considerar que a questão do ódio na transferência passa necessariamente pelo lugar simbólico que o analista haverá de ocupar na dinâmica do tratamento. Isso porque essa constituição se atualiza na dinâmica da transferência, tal como o sujeito na relação com o Outro. Da mesma maneira, um sujeito na experiência de análise com um Outro — que agora não está presente pelo lado do desejo materno mas pelo Outro simbólico — vai aceder à experiência do ódio. Como? Por via de um manejo simbólico da transferência em que algumas demandas dirigidas ao analista, direta ou indiretamente, vão ser frustradas, serão desdobradas e enviadas ao seu mais além. E aqui, neste ponto, vamos poder notar os ideais propriamente ditos que regulam a ação analítica. Porque, dependendo do tipo de lugar que um psicanalista ocupa, ele poderá promover ou não essas experiências de ódio e de contrariedade que surgem necessariamente; quando digo necessariamente é porque o simbólico está aí; para além das nossas disposições, ele surge na relação transferencial barrando a simetria e a correspondência esperadas. Se houver necessidade de o psicanalista se manter sempre num lugar cristalizado, essas manifestações de ódio tenderão a uma redução bastante acentuada. A extensão dessa problemática retorna pelo tipo de articulação entre clínica e política do psicanalista, na medida em que a prática dessa política não inclui oferecer soluções.

O ódio comparece, então, na constituição do sujeito, por via do que foi freudianamente intitulado desprazer; mas, esse desprazer, vem de onde? Ele vem de fora do sujeito. Ele vem pelo Outro. O que significa que o desprazer e o exterior se confundem, por isso, a experiência do ódio é a colocação em exercício desse Outro que barra as demandas, ao mesmo tempo que inaugura a dimensão do exterior. Se quisermos avançar um pouco, podemos traduzir o exterior como sendo o estrangeiro. Não por acaso vivemos um momento histórico em que existe um grande problema em relação ao estrangeiro, e esse problema se revela nas manifestações que estão diretamente marcadas pelas manifestações de ódio.

Então, temos essa condição de uma primeira exterioridade simultânea à emergência do ódio. O que é esse primeiro exterior? O que é esse primeiro exterior entendido aqui na perspectiva de uma relação do sujeito com o Outro? Existe um Outro primeiro exterior, mas, em termos da fundação do psiquismo, esse primeiro exterior em que existe essa relação do sujeito com o Outro, ele é responsável por quê? Ele é responsável pela introdução da noção de espaço. E o que se inaugura para o sujeito a partir desse primeiro exterior que diz "não" às suas necessidades, traduzindo-as? Há um Outro, Outro esse que se confunde comigo, e que ao mesmo tempo determina a minha existência. Esse Outro está, ao mesmo tempo, no exterior, estabelecendo o funcionamento do que me é íntimo.

A ilustração de um exterior sem relação de implicação com o interior nos foi transmitido por Euclides. O que aprendemos com ele? Aprendemos uma concepção de espaço pelas figuras geométricas. Por que a psicanálise não se vale da geometria? Porque a geometria tem essa limitação: um dentro — sem implicação com um fora, tal como no triângulo. Ao mesmo tempo que ela ilustra essa relação dentro e fora, ela reduz, por quê? Porque se é verdade que temos essa relação do interior com o exterior, ou seja, entre o eu e o Outro, o que nos interessa no nosso campo não é propriamente a referência euclidiana. Porque a relação do interior com o exterior, nesse caso, é sem dialética. E o que significa "sem dialética"? Significa que não há uma implicação entre eu e Outro. O que estou procurando mostrar através da constituição do sujeito, a partir do problema do ódio, é que existe uma íntima conexão entre o sujeito e o Outro, e é por isso que a geometria não é suficiente para servir como referência; é preciso haver um tipo de construção em que o interior seja mantido numa relação íntima com o exterior.

Lacan chamou de "extimidade" essa relação em que o exterior é íntimo, e prescindiu da referência à geometria euclidiana para lançar mão da referência pitagórica, ou seja, da relação entre pontos, entre lugares, lugares esses que vão definir a posição do sujeito. É o que encontramos nos grafos presentes desde os primeiros Seminários. Esse tipo de representação recoloca a relação espacial através de uma ligação entre pontos, ao mesmo tempo que vai servindo de introdução a uma noção de espaço topológico a ser abordado por objetos e nós.

Se temos essa construção de um interior que mantém íntima relação com o exterior, como Outro e a partir de onde me constituo, surge a questão: Como é que experimentamos isso? Nós experimentamos pelo corpo. O ódio é uma paixão vivida no corpo e não na cabeça. Mas por que é importante destacar essa dimensão do corpo para situar a problemática do ódio? Porque o ódio é, freudianamente, afeto. Quando digo que ele é o estabelecimento do mundo pelo significado enquanto sujeito tomado inteiramente pelo afeto, ele mantém uma relação de suspensão provisória com a divisão, daí sua cegueira.

ÓDIO, GOZO E POLÍTICA

Por que faço questão de apresentar o ódio como uma paixão que é vivida no corpo enquanto afeto? Porque é uma estratégia que permite esclarecer que o ódio é uma forma de gozo, e que, tal como o gozo incestuoso, o sujeito não quer saber de experimentar divisão, ou seja, significante que, pela sua presença simbólica, tem por função barrá-lo.

Neste ponto já estou introduzindo outro elemento: o afeto. E aquilo que freudianamente é chamado de afeto na metapsicologia pode ser articulado, em termos da elaboração de Lacan, como gozo. É por isso que é importante notar que não se trata apenas de uma transposição metafórica — o que em um é afeto, no outro é gozo. Não. A passagem de afeto para gozo implica o abandono da chamada teoria econômica em Freud, e é exatamente esse o ponto de vista no qual Freud articula a questão dos afetos. O abandono da teoria econômica, para aqueles que tiverem interesse em acompanhá-lo, é articulado no Seminário 2, nas últimas lições, quando Lacan relê a pulsão de morte freudiana retomando-a por uma teoria do simbólico. Aquilo que em Freud é a pulsão de morte, em Lacan retorna como um simbólico que está marcado por uma falta.

Nesse sentido é que a quantidade é substituída por uma concepção pela linguagem.

Freud estava certo em considerar que existia uma íntima relação do ódio com Tânatos — daí a presença da paixão como gozo —, e também estava certo em mostrar que existe uma alternância; alternância essa que recolhemos pela teoria da transferência como par antitético: amor e ódio. Isso converge nesse ponto que começo a articular quando se trata de uma relação com um Outro na qual existe uma conservação do objeto — ou seja, o Outro se apresenta de forma não hostil, portanto não dissimétrico. Temos uma relação de busca de reciprocidade, por meio da qual o amor narcísico se instala. Na medida em que essa relação bascula, o simbólico encontra lugar, e a possibilidade de dissimetria, frustração e ódio se atualizam.

A íntima conexão entre amor e ódio está na dependência de uma atualização do simbólico ou do imaginário. Mas simbólico ou imaginário diante do quê? Diante daquilo que divide o sujeito. E aquilo que divide o sujeito é o quê? É o que freudianamente se chama de castração, e um dos nomes da castração no ensinamento de Lacan é "Real". Esse real é sempre abordado pelo simbólico, por isso que de forma mais presente falamos em simbólico e imaginário. Mas então o ódio vai colocar a necessidade de considerarmos uma relação de intimidade com o exterior, de o exterior não ser mais alguma coisa que se coloca apenas do lado de fora. Por que é necessário considerar isso? Quanto mais formos levados a abordar os fenômenos através de uma separação geométrica entre o exterior e o sujeito, entre eu e o Outro, mais conservaremos uma suposição de unidade que poderia ser mantida caso esse exterior não se atualizasse.

Considerando essa tendência, cabe perguntar: toda comunidade humana tende a fazer o quê? Aquilo que Freud descreveu em *Psicologia das massas*, ou seja, uma identificação que a constitui como massa. E qual é o princípio da massa? O princípio da massa é ser orientado por um líder? Sim, mas não é só isso. E por que não? Porque existe massa sem líder. O casal de apaixonados, por exemplo, é uma massa sem líder; aliás, freudianamente é a massa por excelência. Não por acaso Freud tem, na obra que acabei de citar, um capítulo que se chama "Estar amando e hipnose". Assim, quanto mais nos deixamos levar por esse princípio de unidade — ou seja, de uma constituição que prescinde do exterior —, mais o ódio vai comparecer para nós como um fenômeno que produz tão somente eliminação. Quando o Outro se atualiza, o que ele tende a promover? Ele promove uma dissimetria, um curto-circuito, uma ruptura com aquilo que deveria supostamente ser mantido sem relação com o exterior.

Consequentemente, quanto mais constituímos as nossas comunidades sem relação com o exterior, mais cultivamos o ódio, e sem nos darmos conta disso, porque posso cultivar o ódio em nome do amor, afinal de contas, é ou não é o que fazem as seitas religiosas? Todas estão voltadas para um interior de maneira a exaltar o nome de Deus, mas basta chegar lá um pagão para ser colocado na fogueira. Por isso que a reflexão sobre o ódio é uma reflexão que envolve uma série de considerações, daí eu ter dito antes que isso vem de uma longa reflexão que me levou a dar o seminário sobre "Fanatismo, ódio e terrorismo", realizado na Universidade Federal do Paraná, indicando o gozo como um fator político. Tratar o gozo como um fator político é considerar que, da mesma maneira que se elabora a questão do sujeito na sua particularidade, sua relação com o exterior, se coloca também em termos sociais. Por isso que o sujeito do individual é sempre o sujeito do coletivo, ou seja, essas mesmas elaborações que dão fundamento à constituição do sujeito emprestam fundamento à constituição dos agrupamentos humanos.

[Pergunta sobre *o ódio ou o gozo como um fator político*.]

Essa questão do ódio como um fator político — ou do gozo como um fator político — vai se apresentar na medida em que tomarmos como referência a necessidade de partir do princípio de que existe um interior que se relaciona com o exterior, e de que esse exterior é um fator promotor de ódio. Quanto mais uma comunidade humana é fechada em si mesma, mais o exterior aparece como odioso. A questão que fica é: o que significa a relação com o exterior? Porque existe certa banalização do que em geral se considera a relação com o exterior. É como se a relação com exterior fosse deixar as portas abertas — podendo vir qualquer um. A relação com o exterior não é necessariamente a relação com os desconhecidos, por isso, no nosso caso, vai ser preciso entender como é que concebemos a relação entre público e privado presente necessariamente numa análise. Se percebermos bem, análise não é somente uma experiência privada. Ela tem relação com o privado na medida em que sustenta o sigilo, mas nem tão sigilosamente assim, afinal de contas, não só os sujeitos falam da suas análises como também os analistas falam das análises para os supervisores.

Se há algo que mantém uma relação íntima do privado com o público é exatamente a relação com o analista. Por quê? Porque o analista, a despeito das suas condições, da sua história pessoal, é eleito pelo sujeito num nível de atribuição que não corresponde mais às eleições que em geral regulam as relações cotidianas. Em termos de sua história pessoal, o analista comparece como um ilustre desconhecido. Contudo, essa disparidade de lugares vai permitir que aquilo que é privado, ou seja, que é próprio à história do sujeito, se torne público, chegando no Outro e se modificando em função disso.

Observe-se que não é apenas porque o sujeito conta sua história para o analista que se dá a passagem do privado para o público. A passagem do privado para o público se dá em função da forma como o analista lê, ou seja, como ele se introduz nessa história que a ele é dirigida, fazendo que essa história, que era contada pelo sujeito de determinada forma, a partir do momento em que é escutada pelo analista, passe a ser contada de Outra maneira. E a tal ponto que algumas coisas que o sujeito começa a contar em análise, e que nunca tinha contado para ninguém, ele começa a falar com seus amigos de histórias que ele nunca tinha falado. Porque é um fato que, quando se começa a fazer análise, começa-se a falar de coisas das quais não se falava antes. Não só para o analista, mas também nas relações próximas, e isso só acontece assim porque a presença do analista desfaz esse caráter privativo que a história mantinha para o sujeito.

A relação analítica é ilustrativa desse conjunto de elaborações que abordam a relação entre o exterior e o interior, como relação entre o público e o privado. É claro que em termos da elaboração do ensino de Lacan isso foi levado ao extremo por meio da topologia, da relação do exterior com o interior, e o objeto que melhor mostra essa relação é a banda de Moebius.

Bem, esse modelo de relação do interior com o exterior vai ser uma condição necessária para que possamos articular uma alternativa para a presença do ódio; uma alternativa que não se limite a uma condição de eliminação, porque, se existe ódio desde a constituição, ele não haverá de se manifestar necessariamente sob a forma de destruição dos semelhantes. Existem condições que fazem que o ódio tenha de se manifestar sob essa forma de retaliação da diferença; e isso vai estar sempre na dependência dessa relação entre o interior e o exterior; por isso, quanto mais fechado o dito interior, ou seja, quanto mais esteja na referência do imaginário egoico, mais o que vem do exterior é rejeitado a todo custo, encontrando um voto de destruição. Então, se é preciso considerar o ódio para além de uma referência ao moralismo cristão, é verdade também que não se confunde com ter de aceitar a destruição do semelhante como uma condição que o ódio estabelece na nossa espécie, tão somente. Se existe esse tipo de prática, é porque existem agenciamentos discursivos que fazem que o sujeito só possa responder à presença do simbólico por meio da destruição do Outro.

Para avançarmos nessas questões peço, outra vez que leiam o artigo de Jacques Lacan que se encontra ao final da Tese de doutorado, do crime das irmãs Papin, e um outro livro: *Eichmann em Jerusalém: um relato sobre a banalidade do mal*, de Hannah Arendt, de forma a trabalhar sobre o antissemitismo.

Ainda que possamos dizer que o narcisismo é essa paixão pela imagem que está ilustrada no mito de Narciso, Freud notou, desde muito cedo, o que há de complexo nesse mito. O que nos interessa não é que o sujeito fica cativado pela sua própria imagem refletida na superfície do lago, mas que essa cativação pela própria imagem é mortífera. Narciso não se desloca. Por isso todas as representações que procuraram destacar esse caráter da imagem, ao mesmo tempo fascinatório e mortífero, representam Narciso com os olhos voltados diretamente para dentro d'água, imóvel como se fosse uma estátua. Nesse sentido, a explicitação da dinâmica do eu ideal como elemento que compõe a imagem de si mesmo segundo a suposição de correspondência à imagem — que se faz ver no Outro, esclarece com nitidez essa condição de alienação, ao mesmo tempo estruturante e aprisionante.

Ódio, Ideal do Eu e Eu Ideal

Me parece importante retomar esse aspecto estruturante da imagem, pela via do eu ideal, pois é dessa forma que podemos abordá-la sem esse traço de desprezo que muitas vezes se ouve quando se fala sobre narcisismo e imaginário em nosso meio.

Se, pelo eu ideal, apreendemos essa condição de alienação numa imagem que procura se manter simétrica à suposição do sujeito de se ver e ser visto como amável, é verdade também que tal condição se instala devido à herança simbólica transmitida pelos pais ao sujeito, herança essa que é plena do desejo deles em relação ao que gostariam que um filho se tornasse. Essa transmissão do ideal parental se efetiva através do que denominamos de ideal do Eu.

Os limites de sustentação de uma posição através da imagem se apresentam quando o sujeito se confronta com um Outro que se sustenta através de uma imagem que destitui a primeira de seu lugar de destaque. E somente porque a imagem é portadora de fundamentos simbólicos, pelo ideal do eu, que nesses momentos de queda de um lugar o sujeito pode se valer dos significantes para refazer sua posição de uma forma em que não seja mais tão necessário ficar cativo da mesma limitação.

A limitação que é própria a um sujeito que procura se sustentar pela imagem é dupla: a primeira se refere ao tensionamento que ele introduz na relação entre os semelhantes, que é o efeito primeiro das relações imaginárias estabelecidas sobre a base da suposição de uma correspondência plena do que é esperado. A segunda se refere às reações de ódio encontradas toda vez que um elemento significante coloca em questão a sustentação frágil que a imagem determina.

Na medida em que o *Ideal do Eu* promove esse destacamento do elemento significante da imagem, ele promove uma dialética que é própria da experiência analítica, qual seja, a de destacar o simbólico do imaginário. Portanto, o analisante vem contar de si mesmo, a partir dessa imagem que ele tem dele próprio, que nada mais é do que falar a partir do seu narcisismo, e o analista intervém através do que introduz fratura na unidade egoica. Mas, para o sujeito que está tomado numa identificação a essa imagem, uma vez que se destaca o elemento significante, o que pode acontecer? Em primeiro lugar a ruptura da unidade egoica, seguida pelo ódio como um de seus desdobramentos possíveis. A considerarmos esse caminho de elaboração, podemos reconhecer o fato de Freud ter abordado a transferência por via de uma polaridade dupla. Some-se a isso o fato de que o ódio não se manifestar por uma reação padrão não é algo que se dá necessariamente a ver. Freud já tinha advertido quanto a isso a ponto de indicar a sua presença nas atitudes piedosas, assim como nas comunidades religiosas. Então, se temos a possibilidade de articular o ódio como um efeito do destacamento do elemento significante — em termos freudianos o Ideal do Eu —, decompondo a imagem na qual o sujeito se mantém, podemos reconhecer, por causa disso mesmo, que há um fator estruturante no ódio.

Por que é preciso haver ódio para que haja avanço da subjetividade? Porque o ódio comparece promovendo uma dialetização da imagem por via do significante. Então, o ódio, em termos da experiência psicanalítica, não é apenas o querer mal ao meu semelhante, como o moralismo ocidental apregoa. Não, o ódio é um fator de presença de sujeito, porque, na medida em que se destaca esse elemento significante da imagem, aquela constituição unitária é afetada e o sujeito é levado a ter de colocar um elemento novo no lugar. É por isso que um psicanalista não deve consentir que o ódio na transferência se constitua como um motivo de interrupção do tratamento. Todo o trabalho deve se valer disso para que a experiência seja levada adiante, ainda que precisemos reconhecer a condição de ruptura em nossa prática.

Tende-se a esquecer, com certa facilidade, que o ódio é uma forma de manter uma relação interminável com o Outro. Então, posso interromper uma análise através do ódio de maneira a garantir indefinidamente uma relação com o Outro. Isso ocorre nas transferências, a ponto de garantir que muitos sujeitos, rompendo as análises em momentos de manifestação de ódio, encontrem justificativa para não ter de se analisar mais. Não é garantido que as manifestações de ódio que produzem interrupção do tratamento provoquem necessariamente um retorno à análise.

Se considerarmos o que a neurose nos mostra, trata-se de um sujeito que se mantém através de uma imagem cuja causa ele desconhece. Ele é portador de uma imagem cujos fundamentos ele mesmo desconhece. Quais são os fundamentos dessa imagem que é sustentada? O fundamento é o que vem pelo fantasma, já que é a partir dele que o sujeito mantém uma relação privilegiada no sentido de suposição daquilo que o Outro deseja que ele seja. É preciso certo tempo de análise para que o sujeito possa, alternativamente, mediante as intervenções, encontrar condições de abalar essa imagem, ou seja, abalar o fantasma, a ponto de permitir o advento de outro tipo de relação que não condicione a elisão, a supressão da sua condição de sujeito do desejo. E aí está a razão pela qual o ódio tem para nós um fator positivo.

Curiosamente, Freud assimila o ódio como fator negativo na transferência. Digo curiosamente porque esse é um limite da elaboração freudiana, ele estava equivocado nesse sentido. O ódio, ao contrário, participa da atividade da transferência, ao mesmo tempo que, segundo as condições dessa apreensão, o ódio e o amor andem juntos. Vocês podem notar que quanto mais o sujeito está tomado por uma imagem, mais a dimensão diferenciante se abate sobre ele e ele responde pelo ódio; quanto menos ele é afetado numa relação com o Outro por uma posição diferenciante, mais ele conserva uma relação ao seu ser e, consequentemente, temos a experiência do amor.

Freudianamente falando, em termos de transferência, o amor não é necessariamente a condição de apaixonamento. Por isso vamos ser levados a retomar a concepção freudiana da transferência e de seus limites. Por quê? Porque, na conta do amor de transferência, Freud punha sempre o amor infantil, o amor pelos pais. É o que o levou a acreditar que transferência e repetição fossem sinônimos. Essa é uma elaboração limitada, porque nem todo amor remete necessariamente ao amor infantil, caso contrário seríamos levados a pensar que só existe um tipo de amor, e isso não é verdade.

Nesse tipo de abordagem do fenômeno amoroso, todo ódio vai ser tomado como sinônimo de frustração, enquanto nesta outra direção, que estou começando a encaminhar, se tomo o ódio como fator positivante, não é apenas para interpretá-lo no sentido de uma baixa disposição do sujeito a ser contrariado. Dependendo da forma como o ódio é tratado na transferência, dependendo da interpretação, o sujeito pode ficar convencido de que ele é refratário a ser frustrado. Em outro tipo de tratamento, a manifestação do ódio é positivada para que o sujeito se dê conta de que há outra condição para ser avançada, e que não tem nada que ver com ter tolerância à frustração. Então, a forma como se entende a questão da transferência decide pelo tipo de manejo dirigido ao ódio, podendo positivá-lo ou não.

Para deixar claro que todas essas elaborações que estou trazendo merecem a nossa consideração, gostaria de dissolver um pouco essa ideia — pelo menos é essa a minha insistência quando dos trabalhos de transmissão — de que as coisas são assim porque Freud falou, ou então porque Lacan afirmou.

Bem, se eles disseram isso, é porque tem algum fundamento e, portanto, precisamos retornar à eles.

Se na transferência precisamos considerar essa dupla incidência do problema do ódio como articulável desde o narcisismo, seja pela pregnância da imagem — que é própria ao *Eu ideal* — seja pela significantização — que é produzida pelo *Ideal do Eu*. O que significa dizer que o problema do ódio é estruturável desde o narcisismo? Significa afirmar que o ódio é um fator próprio à nossa constituição como seres marcados por imagem, como seres para os quais a imagem tem um valor formador. No nosso campo a imagem não é o fato de termos competência para distinguir diferenças de variações, de tonalidades, de formas, no campo da visão. Não se trata disso. Tanto não é assim que, por exemplo, pode-se fazer estádio do espelho sendo cego. E por que não é preciso enxergar? Porque toda a nossa questão trazida pelo mundo simbólico refere-se exatamente ao tipo de lugar em que o sujeito se coloca na relação com o Outro e, evidentemente, esse tipo de lugar em que se coloca na relação com o Outro tem relação com o tipo de lugar em que o Outro se dispôs a investi-lo.

O ÓDIO, MANEJO DO PSICANALISTA E SUJEITO

A partir desse jogo de lugares podemos começar a admitir que o ódio implica uma possibilidade de reconhecimento do sujeito. Ilustrei essa questão primeiramente falando da cena em que Antígona afirma que não se orienta pelo amor, mais sim pelo ódio. Procurem reler essa peça da trilogia de Sófocles, e vão poder sentir o fator positivo do ódio, expresso com todas as letras por ela. Lacan chega a dizer isso no Seminário 7, quando afirma, por exemplo, que Antígona é sem perdão e sem piedade, que isso é típico dos heróis, ou seja, é típico não no sentido do heroísmo vulgar, mas da insistência no desejo que é comum a Antígona.

Qual é o fator positivante do ódio que interessa restituir à nossa experiência de forma que o sujeito do desejo, o sujeito do inconsciente, encontre lugar e função? Somente na medida em que se reconhece sua estruturação simbólica, é que se pode promover dialetização nele.

O que estou falando aqui é reconhecível na experiência analítica a ponto de não serem levado em consideração, por exemplo. Daí afirmar que nem tudo aquilo que é falado numa análise é passível de ser analisado e por isso mesmo não se trata de privilegiar os pontos fracos para mobilizar o ódio. E por que não? Porque aquilo que é próprio à análise é aquilo que se repete como sintoma. Consequentemente, há alguns temas que o próprio sujeito fica cansado de levar, e tem de tratar daquilo. Não por acaso Lacan assemelhava a função do analista a uma lata de lixo.

Dependendo da forma como concebemos esse advento do sujeito, podemos interromper a possibilidade de o ódio se tornar um fator de promoção dele ou não. Se intervenho nas manifestações de ódio como alguma coisa que é necessária para o sujeito, ou seja, como alguma coisa que não poderia deixar de comparecer, então tenho possibilidade de advento de sujeito. E quando isso é possível? Não mais quando o sujeito estava fixado no ódio, mas quando ele desloca, quando ele coloca mais um elemento. Agora, se não houver a intervenção para que ele realize esse deslocamento, ele não vai colocar mais um elemento por ele mesmo, já que o ódio é capturante. Porque é aí que ele conserva uma relação de exclusividade com o Outro, fixando-o num lugar, mantendo-o sempre a seu lado. Enfim, ele ama, pelo ódio.

No nosso campo de experiência, para finalizar antes de as perguntas serem apresentadas, trata-se então de levar em consideração isso que está sendo afirmado: diante da diferença radical que o Outro promove como sem sentido — sem sentido que divide o sujeito de forma abrupta, presença essa que desfaz a construção imagética, ele a responde pelo ódio. Mas o que é o ódio nessa primeira elaboração? Ele é uma conjunção do real da diferença com o imaginário do sentido. E em que sentido ele é uma conjunção? No sentido em que, diante da diferença radical, para tamponar essa diferença, o sujeito procura responder inteiramente pelo sentido tentando anular essa diferença. Seu primeiro movimento é atribuir a essa diferença absoluta uma intenção hostil.

A conjunção do real com o imaginário deve ser entendida tanto no sentido daquilo que reúne — diante do real da diferença o sujeito tenta recobri-la com o imaginário — quanto no sentido do que separa — diante do real da diferença o sujeito tenta produzir o sentido para responder ao Outro. Por isso, deve-se evitar, nas manifestações de ódio presentes na transferência, responder pelo sentido. Não se trata de emprestar significado ao ódio, mas sim de fazer do ódio um elemento de relançamento de questões. Nas manifestações de ódio, é preciso que o analista possa destacar os elementos fundamentais que permitem relançar a questão do sujeito que foi abalada; e é a partir desses pontos de relançamento que ele poderá renovar a confiança no analista, e seguir se desfazendo da projeção hostilizante.

O que um analista revela quando, nas manifestações de ódio, trata de recobri-las imediatamente pelo sentido? Ele revela sua baixa tolerância ao ódio. Não por acaso clínicos eminentes — como foram Freud e Melanie Klein — situaram o ódio na constituição, e consideraram a necessidade de incluí-lo na dinâmica da transferência.

Então, o que do ódio começa a aparecer a partir de agora? Que, na verdade, a possibilidade de manifestação do ódio, a possibilidade de o ódio ser uma forma de relançamento das questões e, consequentemente, promover o comparecimento de sujeito do desejo, mantém íntima relação com o tipo de tratamento que o psicanalista dispensa ao ódio.

Como articular o tipo de tratamento que o psicanalista dispensa ao ódio, caso não sejamos capazes de interrogar as análises dos analistas? Porque é fato que existe transmissão nas análises. E existem análises que transmitem o quê? O fechamento dessa questão através de explicações. Vai ser no campo da transferência que vamos ter a possibilidade de recolher — segundo a forma como o analista está, digamos assim, aberto para tratar de algumas questões — o tipo de solução que foi dado por ele em relação a sua análise. Porque, se como psicanalista, preciso ter mantido o meu psicanalista num lugar inabalável, intocável pelo ódio, por exemplo, evidentemente isso vai trazer consequências para os analisantes, ainda que a intenção seja inteiramente Outra.

PERGUNTAS E RESPOSTAS

[Pergunta sobre a questão da paixão do ser e do ódio dirigido a si mesmo.]

Resposta: Entender paixão do ser, como faz Lacan desde o Seminário 1, implica uma retomada da elaboração freudiana. O sujeito, chamado de sujeito do inconsciente, articulado pela ordem simbólica, implica uma relação com o Outro. Hoje cedo comecei abordando o ódio na sua relação com o imaginário e com o real, ou seja, pela imagem, pelo sentido, pelo narcisismo e, consequentemente, estamos no domínio daquilo que habitualmente chamamos de campo das neuroses, porque se tenho uma relação com o Outro, tenho uma possibilidade de viver isso num recobrimento pelo sentido. Então, todo o problema do ódio implica o tipo de lugar e de função que o Outro ocupa em relação ao sujeito. Se o Outro está numa relação simbólica, o problema do ódio retorna numa relação real e imaginária. Se o Outro está numa condição real, o problema do ódio retorna numa relação pelo real. Se o Outro está numa relação tão somente no nível do imaginário — que é o que vamos tratar aqui —, o ódio é dirigido a si mesmo. O ódio dirigido a si mesmo é um problema que se articula a partir da melancolia. Então, todas essas diferentes condições do ódio implicam sempre uma relação com o Outro, por isso mesmo é preciso saber qual é o estatuto do Outro em jogo. O ódio não é uma emoção equivalente à raiva, ele não é uma reação do sistema límbico, por isso mesmo não se pode prescindir do lugar e do estatuto do Outro para situar e ter condições de intervir quando ele emerge.

[Pergunta sobre o analista frustrar uma criança que foi pouco frustrada.]

Resposta: Em relação ao que você falou, foi importante lembrar, porque sim, é verdade, muitos analistas seguem um pouco essa linha de que a solução seria frustrar a criança — no caso de uma criança que foi pouco frustrada. Não se trata de frustrar a criança tão somente, até porque ela não aceita a frustração, esse é o problema dela, não é? É igual a querer que uma histérica não seja dividida. Em se tratando das crianças, o ódio também coloca uma questão decisiva que irá participar da inclusão ou não dos pais no tratamento. Isso porque a permissividade excessiva de com necessidade grandiosa de serem amados impede que a criança possa ter outra experiência que não seja a de demandar insistentemente.

Como o ódio é vivido pela criança? Ele é vivido na medida em que o desejo da mãe atualiza esse mais além da criança e de frustração das suas demandas. Bem, mas é certo que existem crianças que são frustradas pela mãe e nem por isso se manifestam patologicamente, não apresentando essa posição problemática que algumas outras manifestam. Por que algumas sintomatizam em torno disso e outras não? O lugar em que a mãe situa a causa de seu desejo tem íntima relação com essa questão. Porque uma coisa é frustrar a demanda de um filho e não ter nenhuma referência de um Outro que cative o desejo para além desse "não". Outra coisa inteiramente diferente é frustrar as demandas do filho e ter um Outro no horizonte — seja o meu parceiro sexual, seja o meu trabalho, seja alguma outra atividade em que eu invista desejantemente. O peso desse "não" vai ter um valor inteiramente distinto.

Vamos precisar avançar sobre o tipo de relação que o desejo da mãe franqueia ou não, a possibilidade de acesso à posição feminina a partir da qual a presença de um desejo Outro — para além do desejo de filho — pode ter um valor decisivo para a criança, deixando-a ficar mais à vontade para receber um "não", e poder aceitá-lo. Se não existe mais nada no horizonte, por que ela vai aceitar o "não"? Por que ela vai aceitar isso se no fundo é só ela mesma e a mãe? Há uma tendência de encontrar cada vez mais crianças assim. Os psicanalistas de crianças têm um futuro próspero!

[Pergunta sobre ódio e agressividade.]

Resposta: Para começar respondendo essa pergunta, esclarecedora em diferentes níveis, vou relembrar uma frase do Lacan, no texto "Agressividade em psicanálise", em que ele afirma que a fórmula da agressividade não é "peixes grandes comem peixes pequenos", mas sim "um soco em teu inimigo é um soco em ti mesmo". Fica evidenciado que a agressividade opera através de um jogo de espelho, ou seja, é situável desde o narcisismo como relação do sujeito com sua própria imagem refletida no semelhante com quem ele se relaciona como se fosse ele mesmo. Se a agressividade se refere ao espelho e ao tensionamento é mesmo porque ela surge como meio de tentar manter o triunfo do Eu a qualquer custo.

Em contrapartida, o ódio surge como uma reação do sujeito, posta em ato de um fracasso da imagem em dar conta de ser significante. Entendendo desde então que essa imagem abalada é a referência na qual o sujeito sustenta o seu si mesmo. E, a depender do tipo de discurso do qual ele participa, o si mesmo pode ter se amalgamado ao de outros, de maneira a que qualquer diferença seja recusada, pelo ódio.

É preciso notar ainda que o ódio vai receber modalizações diferenciadas de acordo com o tipo clínico em questão. Nesse sentido a maneira de situar o ódio na paranoia não coincide com a forma em que ele comparece na neurose obsessiva, por exemplo. Contudo, em um e em outro caso, vai ser desde a economia de um ser de desejo que se situa a partir do Outro, e não do sistema límbico, que iremos retirar consequências para a condução dos tratamentos.

Consideremos, por exemplo, a clínica da neurose obsessiva. Dificilmente o ódio se manifesta de forma evidente. Ele vem travestido em dedicação excessiva, presenteamento, e isso vai decidir uma série de manejos no tratamento diferenciado em relação à histeria. Mas, para avançar nesses detalhes, vamos precisar reconhecer a dinâmica da transferência como o solo que permite o surgimento desses esclarecimentos. No entanto, não temos uma única concepção de transferência e, portanto, precisamos saber do que estamos falando ao nos referirmos a esse conceito.

[Pergunta sobre a relação entre anorexia e ódio.]

Resposta: Sim. É possível articular anorexia e ódio, e espero chegar a esse ponto depois de passarmos pela melancolia. Como paixão do ser, ela é articulável desde a relação entre o sujeito e o Outro.

A anoréxica se coloca numa posição tal em que ela se priva da alimentação como forma de garantir o seu reconhecimento como sujeito. Já que ela não admite ser tratada apenas como uma boca a ser alimentada, impõe uma condição: a de ser vista não mais somente como uma boca e um estomago. Quando ela se impõe dessa forma, o que ela faz? Ela cria divisão no Outro, ela faz que o Outro se desespere. Você tem aí fenômeno de ódio, certamente. Tanto você tem fenômeno de ódio que o grande perigo na anorexia é o de ela se deixar levar por esse voto, ficando cativada pelo mal-estar que produz no Outro e morrer. Enfim, na problemática do ódio vamos lidar com a fascinação que o ódio promove, e é essa a fascinação que, em última instância, temos pela morte, sem nos darmos conta. Existem as paixões pela destruição, e elas começam desde a nossa constituição.

Por que estou tratando a questão desde a constituição do sujeito falante? Porque queremos destruir esse Outro que vem interferir no nosso prazer. A questão está colocada, segundo Freud, na nossa constituição. Era para isso que eu chamava a atenção. Atualizar isso como um ato implica poder situar as bases que permitem distinguir o ódio vivido imaginariamente daquele que se apresenta pelo crime no real.

[Pergunta sobre o ódio e o encobrimento da diferença.]

Resposta: Veja bem, o ódio é essa manifestação em que o sujeito reage à diferença. Contudo, no momento em que ele responde pelo ódio, já foi afetado por ela. A responsabilidade do psicanalista retorna nesse momento em que o sujeito tende a permanecer no ódio em vez de se haver com a questão que o marcou. É por isso que o manejo do ódio na transferência é decisivo. Não só quanto ao destino da experiência psicanalítica, mas também quanto à efetividade do mundo simbólico do sujeito. Como disse antes, se o ódio é traduzido imediatamente como baixa tolerância à frustração, não há possibilidade de se valer dos efeitos produzidos no sujeito a título de simbolização. Mas se o ódio é relançado, se o analista positiva isso e relança o que apareceu conectando-o a outro elemento, fazendo que o sujeito tenha de insistir em algum elemento que promoveu o ódio como sendo próprio a ele, nessa insistência o sujeito se apoia no analista para dar atenção, porque o analista fez o relançamento, daí a importância da transferência como possibilidade de lidar com o ódio. Aí se vai ter possibilidade de considerar o ódio um fator estruturante. No ódio, trata-se de uma suspensão provisória da barra que separa o significante do significado.

[Pergunta sobre diferenças na neurose e nas psicoses.]

Resposta: Sim, vamos ter diferenças bem acentuadas a partir daí, porque todo o problema é que, nas manifestações de ódio na psicose, por exemplo, você não tem como barrá-las no sentido do recalque, ou seja, de poder simbolizar e não atuar. Isso é o que vai nos levar a ter de lidar outra vez com a questão da passagem ao ato e do *acting-out*. As manifestações de ódio retornam ora pela passagem ao ato, ora pelo *acting-out*. Uma é suscetível à elaboração, outra não. De acordo com a dinâmica da transferência, nem tudo vai se passar na relação de fala com o analista, mas o analista vai ser esse polo para o qual as questões do sujeito retornam, e são articuladas, muitas vezes, após o término das sessões.

Manhã de 21 de junho de 2008.

Segunda Reunião

Hoje pela manhã trouxe uma elaboração sobre os ódios. Vamos especificar mais claramente o problema no antissemitismo e na melancolia. Antes, vale a pena retomar uma questão que ficou sem resposta, e que tem como foco o ódio na adolescência. A adolescência é um período em que o ódio adquire uma positividade contundente, porque a revolta do adolescente é exatamente o fato de que as identificações parentais não são suficientes para os desafios em relação a uma posição sexual. A mãe nunca é suficientemente mulher e o pai nunca é suficientemente homem, no sentido dos desafios que a sexualidade promove. Então, uma das saídas é essa contestação, esse jogar fora tudo que vem do mundo adulto, como maneira de fazer constar a própria questão deles, de exceder os embaraços, mas que não deixa de ser também um apelo, uma demanda, como aposta para que alguma coisa nova se crie a partir desse voto de contestação.

Transferência e Ódio

Eu queria retornar a um ponto mencionado sobre a relação que o ódio estabelece entre o interior e exterior, tomando como modelar a relação analítica. Em grande parte das vezes a transferência está constituída antes de o sujeito chegar à análise, mas ela se particulariza a partir do momento em que o sujeito se dirige àquele psicanalista. E, enfim, vocês também não desconhecem que existem sujeitos que se dirigem a determinado analista — mesmo sem estar fazendo análise com ele — em pensamentos. Sujeitos que se perguntam sobre o sentido das ações, os maridos e as mulheres dos analisantes que devotam ódio ou amor ao analista, querem saber o que foi falado na sessão, se o analista falou besteira ou se não falou... tudo isso são transferências.

Espero que, assim, possa ficar esclarecido que se deve evitar definir a transferência como o somatório dos afetos dirigidos, já que a transferência tem essa condição de antecipar o encontro. Aqui nos encontramos em um terreno em que é difícil poder chegar a alguma condição razoável de definição, porque, para começar, a tradição freudiana coloca uma dificuldade em relação ao problema da transferência. É nítido que Freud, em grande parte dos seus textos, vai privilegiar a transferência no sentido do amor transferencial, e vai colocar a resistência como aquilo que faz barreira ao objetivo da transferência, que seria o de promover a elaboração. Freud considera resistência tudo aquilo que participa da estagnação do diálogo. Essa estagnação do diálogo pode ser sinônima tanto de silenciamento quanto de *acting-out*; por isso, toda investigação sobre a transferência em Freud passa necessariamente por uma releitura do texto "Repetir, recordar e elaborar. São textos que devem ser lidos em conjunto: "Repetir, recordar e elaborar e "Observações sobre o amor de transferência".

Digo que há uma dificuldade porque, de fato, Freud não teve possibilidade de retomar as consequências desse texto ("Repetir, recordar, elaborar") a partir do *Mais além do princípio do prazer*, no qual o conceito de repetição se modifica. Por quê? Porque nesse texto — "Repetir, recordar, elaborar" — a recordação é sinônima de recordação de clichês do passado, formas de relação, em especial as formas de relação intrafamiliares que condicionam determinadas reações do sujeito. É certo que esse tipo de repetição ocorre na transferência, mas é verdade também que a partir do *Mais além do princípio do prazer* abre-se um outro estatuto da repetição: não se trata mais da repetição pelo simbólico, mas da repetição pelo real.

O inconsciente funciona sob a forma de repetição, e essa é a forma de repetição daquilo que poderíamos chamar de traumático, o não senso, aquilo que vai fazer a relação do inconsciente freudiano com a pulsão. Teremos aqui uma aproximação do inconsciente freudiano com a teoria do simbólico em Lacan, já que a "repetição simbólica" coloca-se sob a "ordem do significante". Aquilo que é próprio da "repetição enquanto real", do traumático, do não senso, em Lacan é da "ordem do real".

Ocorre que a elaboração freudiana da técnica ficou detida na repetição em relação ao simbólico – Freud não chega a fazer nenhum desdobramento das consequências do *Mais além do princípio do prazer* para uma teoria da transferência. Existe, na tradição freudiana, essa condição de assimilar a transferência ao conjunto dos afetos dirigidos ao analista. Não é errado dizer isso, mas estou querendo chamar a atenção para o fato de que isso é limitado, não abarca a complexidade da transferência. Quando Freud privilegia a elaboração no lugar da repetição, e a elaboração como sendo o trabalho mesmo da análise, com isso ele quer chamar a atenção para a importância de a técnica analítica caminhar sempre no sentido daquilo que evoca a castração, e que vai num sentido contrário ao do gozo, ou só do afeto. Já não se trata de o sujeito agir só pelo afeto, de o sujeito agir só pela paixão; a elaboração é esse elemento que vai trazer a possibilidade da castração, de o sujeito poder ser dividido nas suas intenções.

No que se refere ao amor de transferência, Freud esclarece afirmando que esse amor não deve ser considerado irreal. Esse é um primeiro ponto que ele destaca, considerando que esse amor está modulado por isso que se chama neurose de transferência, já que, para Freud, a experiência analítica não se confunde com as experiências que temos no sentido corrente — ela é uma experiência artificial e exige determinadas condições para ser levada adiante. Por isso mesmo, o conceito de relação analítica é um conceito um pouco precário porque não é só uma relação com o psicanalista. Então, é necessária toda uma construção diferenciada do sentido de "relação", a começar, por exemplo, pelo fato de que nessa relação o diálogo é o que é menos privilegiado — a regra fundamental da psicanálise destaca com insistência a necessidade de que a associação livre se dê do lado do psicanalisante, e a atenção flutuante, do lado do psicanalista. É uma disparidade de funções que está em exercício desde o início, e não uma simetria, ou mesmo uma reciprocidade.

Freud também chama a atenção para um fator que é, ao mesmo tempo, mola do tratamento e causa da sua interrupção, e isso se chama amor de transferência. Para Freud, o amor de transferência se encontra diretamente ligado a um dos nomes da resistência, mas não por inteiro. O amor de transferência é sinônimo de resistência porque — e Freud é bem pontual nesse sentido — o amor de transferência conquista a condição de resistência, uma vez que se dirige à pessoa do analista. Quando isso acontece Freud alerta para a necessidade de levar em consideração a transferência positiva. De que forma a transferência positiva pode ser articulada sem que o amor de transferência esteja necessariamente em exercício? É exatamente quando o psicanalista realiza uma transmutação dos investimentos dirigidos à pessoa dele, permitindo que as palavras, e em palavras, articulem a questão do sujeito.

Freud nos adverte quanto à existência de interpretações que são clássicas. Por exemplo, quando o sujeito silencia, Freud acredita que ele está pensando no analista. Por que é possível fazer esse tipo de consideração? Porque sempre que estamos no plano do imaginário, da suposição, da correspondência com o

Outro, podemos reduzir o campo da palavra, e agimos mais em conformidade com ações que nos mantêm pela imagem. Se é verdade que o amor de transferência participa ao mesmo tempo da resistência, uma vez que se detém sobre a pessoa do analista, ele também ganha essa face de transferência positiva, já que permite o desdobramento simbólico dos investimentos. Dependendo do manejo do psicanalista, haverá mais ou menos manifestações no sentido de transformar o amor de transferência em resistência, comprometendo a pessoa na relação com o analisante.

ÓDIO E RESISTÊNCIA DO PSICANALISTA

Ficamos assim de advertidos que, em algum momento, a pessoa do analista pode ser capturada, como fonte de investimento, já que esse é o terreno próprio à transferência, exigindo do psicanalista uma falta de objeção à captura da sua pessoa. Tecnicamente, isso significa que não é toda vez que a pessoa do analista é privilegiada pelo analisante, que tem de haver interpretação. Ao contrário, por exemplo, do princípio que orienta a análise das defesas.

A análise das defesas está sempre orientada segundo a ideia de que toda vez que o analista é privilegiado como fonte de investimento na transferência implique em algum tipo de resistência que, por sua vez, sustenta uma defesa do sujeito e, consequentemente, precisa ser interpretado. Mas quando começamos a nos desvincular dessa ideia porque, enfim, acredita-se que a interpretação pode desfazer os impasses, e nem sempre as interpretações desfazem, ao contrário, elas podem promover mais do que dissolver, o que nos leva a entrar nos pontos exigidos para o que se considera necessário de forma a ocupar essa função. Por exemplo, o psicanalista não pode ser fóbico, no sentido de ser tomado por inteiro pelo seu psicanalisante como fonte de um investimento, como fonte de amor. Não ser fóbico significa não ser reativo a esses investimentos. Por outro lado, se o amor de transferência participa, uma vez que ele se mantém nessa relação com a pessoa do psicanalista, como condição da resistência, vocês podem entender por que Jacques Lacan diz que a resistência é sempre do lado do analista.

Essa frase de Lacan é um pouco marota, porque tende a despertar uma leitura reducionista, depositando toda a resistência na conta do analista, como se fosse um problema somente dele. Não. Quando Lacan diz que a resistência é sempre do analista é porque se conta com a resistência que vem pelo analisante, simultaneamente à do discurso que a constitui. Qual é a resistência própria ao discurso humano? É uma resistência que constrói a discursividade baseando-se na ilusão de que há comunicação integral com o Outro a quem me dirijo, quando na verdade a operação analítica vai mostrar que existe um além da pessoa —no caso, o analista que está em jogo no diálogo, que está em jogo no discurso. Então, a possibilidade de desdobrar os efeitos da resistência ou de acentuá-los vai depender do lugar a partir do qual o psicanalista lida com o discurso que a ele é dirigido.

Que lugar é esse de que estamos falando? Primeiramente, é o lugar da correspondência imaginária, lugar que alguns psicanalistas chamaram de "contratransferência" — um conceito que nos interroga, já que não se trata de negar sua existência. Sabe-se até que ponto o uso desse conceito avançou, chegando a permitir que os analistas se autorizassem conduzir as análises em função daquilo que sentiam que os analisantes provocavam neles. É a deformação que se encontra em jogo quando institui o eixo do imaginário com suas respectivas simetrias, correspondências e projeções, como suficiente para a condução dos tratamentos.

O problema, ao estabelecer a contratransferência como conceito, é que se eleva a um estatuto conceitual aquilo que precisaria ser tratado pelo psicanalista, seja em supervisão seja na sua própria análise; ao mesmo tempo que se suspende o conceito a um nível em que ele se absolutiza, como se não houvesse outros elementos que participassem da sua estruturação. Em Freud, a teoria da transferência mantém íntima relação com a teoria do Édipo-castração, assim como seu agente, no caso, o pai. Basta notar, por exemplo, que o papel do pai, em seu caso, se equivale simbolicamente com a função do analista. Ele é responsável em fazer agir a interdição sobre o objeto materno, ainda que a forma do fazer constar a Lei não se equivalha entre os dois.

No caso do menino, em termos de Édipo-castração; ele vai ter de consentir na necessidade de abrir mão do objeto materno e reconhecer a posse desse objeto para o pai e, consequentemente, situar o pai num lugar mais elevado em termos de seus investimentos. Freud reconhece uma posição feminina, necessária aos homens, que se expressaria na assimilação do símbolo agenciado pelo pai, abdicando do objeto incestuoso e promovendo, ao mesmo tempo, a substituição simbólica da mãe por uma mulher.

Na teoria freudiana castração-Édipo para as meninas, elas devem abdicar do gozo masculino que é tornado sinônimo do gozo clitoridiano e promover uma substituição simbólica do falo faltante pelo filho. O investimento amoroso — inicialmente dirigido ao pai — atualiza-se agora na relação com um homem. Então, em ambas as direções — seja a do menino, seja a da menina —, há um privilégio da autoridade do pai. Autoridade como elemento simbólico suficiente para fazer que haja o quê? Um aplacamento do gozo. O pai teria essa função de barrar o gozo incestuoso. Nesse sentido, o analista freudiano é tipicamente um representante do pai, uma vez que faz questão de insistir sobre a necessidade de privilegiar a ordem da elaboração em detrimento da repetição, quer dizer, não se deixar levar pela paixão que a repetição do sintoma promove, franqueando o acesso ao desejo.

Podemos recordar que Freud dizia ser melhor pai do que analista, e não por acaso ele afirmou isso. Basta ter lido *Totem e tabu* para reconhecer a estatura que, desde sua história pessoal, o pai assume. Não deixa de ser surpreendente, por isso mesmo, que tenha modificado significativamente esse ponto, ao escrever "Moisés e o monoteísmo", apresentando-o como estrangeiro.

Se a teoria da transferência faz eco, pela função simbólica do pai ao Edipo-castração, conferindo ao psicanalista esse lugar paterno, a concepção freudiana do tratamento deixa indicado que todos os conflitos são suscetíveis de serem desfeitos pela elaboração, ou seja, são suscetíveis de passar à ordem da palavra.

Se quisermos levar essa questão a sério, basta observar que, não por acaso, vão começar a surgir nos anos 1950 e 1960, pelo lado do movimento feminista, por exemplo, a tentativa de tornar equivalentes a posição freudiana e a posição machista; em termos das primeiras leituras foucaultianas, determinava tomar a relação com o psicanalista como uma relação de confissão. Essas aproximações críticas não vêm do nada, mas como efeito de um limite da elaboração freudiana. Tal limite tem que ver com esse ponto de sustentar que o pai, que a ordem simbólica, é suficiente para desfazer os conflitos.

Podemos recolher efeitos dessa concepção na condução das análises, na medida que não somente a relação com os pais existentes vão servir de referência para situar as questões do sujeito, mas também que o retorno à infância será um elemento indispensável, de forma a retomar, na atualidade, os acontecimentos pelo simbólico e poder retificar e desfazer suas vias de formação. Esse privilégio conferido ao simbólico promove a função do psicanalista, em termos do manejo da transferência, a um estatuto de esclarecimento, de aproximação com a realidade. A análise se aproxima de um percurso que vai das trevas da ilusão e do fantasma em direção da realidade e do desprazer. Não foi por acaso que a filha de Freud radicalizou isso, aproximando a psicanálise de uma prática educativa. Fica indicado que para extrair algumas dessas consequências é preciso, tal como Lacan fez, reler Freud. E, como ele mesmo afirma na Conferência "Freud no século", "ler Freud é reabrir as questões"; o que nos previne quanto à intenção de ler Freud cronologicamente, como se o mais avançado de uma leitura fosse destacar os avanços e as mudanças em relação as obras escritas antes. Uma das possibilidades presentes nessa abertura de questões tem que ver com retomar Freud por meio das questões que ele nos legou, tentando articular outras respostas além daquelas.

Apagamento do Ódio

Podemos depreender por que, nessa concepção que vem de Freud, transmite-se ilusoriamente a ideia que, de fato, o sujeito não deveria sentir mais ódio. Ele estaria de tal forma avisado, alertado para a importância do cultivo do equilíbrio que a realidade proporciona, que um afeto dessa ordem não deveria mais encontrar espaço, ou, se for o caso, que conste o mínimo de tempo.

É isso, aliás, que encontra-se como efeito de algumas análises: sujeitos que justificam não sentir determinadas emoções porque, afinal de contas, "a vida não é completa mesmo", "não se pode ter tudo". Eis, assim, o ponto extremo de aproximação da psicanálise com o que chamei antes de "moralismo ocidental".

Ele não é somente uma defesa incondicional da repressão sexual. Não, o moralismo é, sim, a apatia, a evitação de um ato que comprometa o sujeito. É conveniente não sentir algumas coisas, já que se parte do princípio de que se existe saída para tudo pela palavra, achamos melhor que as dificuldades existam e o que resta é reconhecer forçadamente que nós é que somos limitados, sem termos levado adiante uma questão de forma verdadeira. Esse tipo de conveniência é uma saída no mínimo precária, e tende a promover uma apassivação dos sujeitos. Recordemos que foi na análise do caso da jovem homossexual que Freud achou oportuno indicar sua paciente para uma analista mulher, porque acreditava que havia ali um problema que a jovem manifestava e que era relativo ao pai. Por que ele só pode indicar uma analista mulher? Porque ele mesmo estava no lugar do pai. Consequentemente, o problema, se é que havia algum, não podia se resolver com ele. Se não fosse isso, por que ele haveria de indicar uma analista mulher? Posição semelhante na transferência se pode recolher no manejo com Dora.

O que é essa autoridade simbólica conferida ao analista que o aproxima da função do pai? É através dessa autoridade conferida ao analista que se pode depreender o que é a interpretação. O analista seria aquele sujeito que estaria em condições de revelar, de trazer à tona o conteúdo recalcado das representações inconscientes. Então, o que seria a dinâmica da transferência? A dinâmica da transferência seria transformar o inconsciente em consciente, e a interpretação é, por excelência, a técnica que vai permitir esse tipo de transformação. Evidentemente que alguns problemas se colocam a partir daí.

Imagino que muitos de vocês tenham conhecimento disso que venho falando, mas faço questão de voltar ao tema porque penso que, para poder avançar, é necessário partir desses impasses que foram deixados por Freud.

Qual é o problema dessa teoria da transferência em que o analista é sustentado pela autoridade simbólica e, em última instância, pela teoria da sexualidade? Se a teoria da sexualidade está remetida ao pai como agente da castração, por que isso é um impasse na transferência? Porque o saber fica do lado do analista, logo, é o analista, por exemplo, que desvenda, que interpreta, que tem a chave. Que haja necessidade de introduzir essa condição de o saber estar do lado do Outro, isso é uma condição da transferência: o saber deve estar do lado do analista, mas é justamente isso que a experiência de uma análise vai progressivamente desfazendo. Desfazendo em que sentido? No sentido em que, quanto mais o sujeito fala, dirigindo-se ao psicanalista, mais ele é surpreendido pelo fato de que aquilo que ele havia falado dirige-se tão somente ao lugar a partir do qual opera a intervenção do analista.

Vocês sabem que numa experiência de análise existe decantação da surdez. No início o sujeito é surdo para aquilo que fala. Ele não escuta o que diz, então, a tudo que ele diz e que vem pelo analista ele assente e considera interessante! É ele mesmo que estava dizendo, só que de Outra forma. Conforme a experiência psicanalítica avança, o sujeito vai se dando conta de que o psicanalista opera, de fato, através do que ele diz. Contudo, ele não tem condição de assimilar o que diz. E é exatamente pelo fato de ser marcado pelo inconsciente que ele não tem condições de apreender o conjunto dos efeitos significantes da sua fala. Isso só pode ser recebido pelo Outro, e é para isso que o psicanalista está lá: para fazer que ele escute aquilo que diz, sem se dar conta do que está falando. O surpreendente é que isso é suficiente para desfazer alguns sintomas!

É claro que isso não caminha somente nessa direção, não é um vetor contínuo, não se dá sem retrocesso, não é sem interrupção, sendo preciso insistir nesse ponto de maneira a que o saber seja reenviado ao lugar que é o seu: o saber não vem do psicanalista, o saber vem do analisante.

Falei que a condição da transferência é a suposição de que haja saber no Outro. Há um Outro que sabe — essa é a suposição que estabelece a transferência. É desde a condição de sermos castrados que nossa existência, tende a supor em algum lugar a resposta aos enigmas que nos habitam.

A transferência como sujeito suposto saber não tem mais nenhuma relação com o pai no lugar do analista ou o analista no lugar do pai. Foi por causa dessa questão do analista no lugar do pai e do pai como analista que Freud colocou sua filha no divã. Anna Freud foi psicanalisada por Freud, assim como Melanie Klein analisou seu sobrinho. Havia uma teoria que sustentava essa possibilidade. Eles, de fato, acreditavam que isso fosse possível, e trouxeram consequências muito significativas nesse sentido, porque não é errado acreditar que o psicanalista responde pelo lugar do pai, e ele assim o faz na medida em que na psicanálise é um operador simbólico.

A questão é que a função do analista não está restrita à dimensão do simbólico. E por que ela não está restrita a essa dimensão? Porque, a despeito de eleger o psicanalista no lugar do pai, existe um fator de constituição comum a todo ser falante, e que faz que a transferência seja sinônima de suposição de saber no Outro. Então, qualquer um de nós, desde que não tenha passado pela experiência de análise, supõe que exista um Outro capaz de orientar o sentido das nossas ações. Se não fosse assim, por que a civilização se constitui fundamentalmente por meio dos agrupamentos de massa em que vigoram os fenômenos de liderança, nos quais são investidas essas suposições de saber? Se a transferência é um fenômeno que participa dessa condição estrutural de fazer que se suponha existir saber e, consequentemente, existir sujeito no lugar do Outro, então ela faz supor que existe alguém que sabe. Não é só que existe um saber; existe alguém que é sujeito no lugar do Outro. Enfim, nessa construção, trata-se menos de operar eficientemente com essa condição simbólica, que estava conferida ao pai, e mais no sentido de aproximar esse saber do sujeito — quer dizer, esse saber haverá de surgir pelo sujeito que fala. Nesse sentido, o analista como pai é menos uma autoridade e mais um semblante.

De que maneira esse saber vai surgir? Na medida em que o sujeito que fala se divide, ele produz saber. Contudo, não é verdade que sentar numa poltrona reservada ao analista, ou deitar no divã e começar a falar, que isso se torna sinônimo de análise. Pode-se passar uma vida assim e não ter acontecido análise, e isso é algo que muitas vezes nos passa despercebido. Existem condições, e até por causa disso mesmo existem os chamados momentos de convidar ao divã. Não é a qualquer momento. Sempre compartilho a ideia de que se deve sair um pouco dessa padronização. Quer dizer, você vem, e aí o analista informa que se você faltar você vai ter de pagar, que custa tanto, que dura tanto, por quê? Porque a psicanálise está na cultura, então, o sujeito encontra com o analista aquilo que ele já sabia que ia encontrar, e ele tende a agir de maneira um pouco mais modelar do que seria conveniente à presença dele ali.

Você senta lá e depois vai para o divã. Não! É importante que exista surpresa, porque é exatamente a surpresa que divide o sujeito. Vocês não desconhecem que não é a qualquer momento, não é só porque uma pessoa chegou à análise e fez uma entrevista que na sessão seguinte ela é convidada a se deitar. Afinal de contas, se Freud pode dizer que o divã foi estabelecido por ele como uma forma de não deixá-lo tão cansado devido ao olhar, nós não precisamos achar que o divã tenha somente essa função. Ainda que seja verdade que ele contribui, porque ficar olhando durante o dia inteiro para todo mundo que está na sua frente...

Existe ou não diferença entre as chamadas entrevistas preliminares e a prática do divã? É certo que sim. Pode-se mostrar que a passagem das entrevistas preliminares para o divã revela que as entrevistas não têm nada de preliminar. O que confere a elas um caráter não preliminar. Se é verdade que o divã é uma condição que faz que o sujeito esteja numa Outra posição, deitada, é certo que precisa ter havido alguma queda para que o sujeito vá até ele. E uma queda pode ser, por exemplo, um sonho em que ele comparece de Outra forma. Ele se sustentava num discurso, de repente conta um sonho, e caem suas convicções. Está aí a passagem para o divã. Sua fala agora, depois que o sonho anuncia uma verdade Outra, introduz um lugar que não coincide mais consigo mesmo.

TRANSFERÊNCIA E DESLOCAMENTO DO SABER

Bem, se podemos então considerar que a transferência tem estreita relação com essa suposição de saber, é que essa suposição vai operar um deslocamento em relação ao lugar do saber. Havendo essa suposição de saber que é dirigida ao Outro, o sujeito pode encontrar condições de produção de sentido inéditos. Há um Outro gozo que o sujeito começa a experimentar e que pode ser indicado nessa experiência de novos sentidos e desapego, como consequência de um gozo repetitivo que o sintoma imprimia. São esses momentos, cujo acompanhamento é sempre cativante, em que o sujeito não somente espera com interesse o dia da análise, como muitas vezes também faz questão de contar aos outros o que se passou na sessão.

Na experiência da análise, conduz-se a fala do sujeito, de maneira a que ele próprio valorize o que está dizendo e consequentemente possa se comprometer com o que diz e ouve. O sujeito conquista assim um gozo pela palavra, na medida em que ele sente que a palavra se desdobra em efeitos Outros, diferentes daqueles que ele enuncia, e que lhe permitem deslocar-se para condições que ele próprio considerava impossíveis. Nesse efeito o sujeito vai sentir que o manejo do analista é estabelecido segundo uma dupla implicação.

Na primeira, a fala vai se desdobrando em outras possibilidades que o discurso não mantinha até então, e isso significa que a presença do analista, pela interpretação, condiciona a transformação da fala em condições inéditas. Lacan tem um texto sobre isso: "A direção do tratamento". Aqueles que já o leram devem estar lembrados de que ele apresenta três condições de pagamento para o analista, e uma delas — essa a que estou me referindo — é que o analista paga com as suas palavras. O que é esse pagamento com as palavras que o analista experimenta numa psicanálise? É que suas palavras se transmutam em efeitos de interpretação, então, ele não fala nem qualquer coisa nem a qualquer momento. Seguindo nessa direção podemos considerar que existe uma vetorização da transferência; vetorização que avança do amor ao saber. Isso poderia ser transformado na seguinte condição.

O analisante primeiramente privilegia falar para a pessoa, para depois falar para o analista. Tanto é assim que, nas experiências de análise mais avançadas, é bem mais raro que o sujeito pergunte algumas coisas para o analista. Porque ele considera que aquilo que o analista fala já não diz mais respeito àquilo que ele pergunta, e que todo o manejo do analista vai no sentido de transformar as suas intervenções em Outra coisa. O problema dos limites da técnica freudiana é que a interpretação tende a se confundir com tradução. Aliás, em termos de teorias de tradução, temos aí uma acepção bastante reduzida dela, porque se considera que exista a possibilidade de traduzir por inteiro. O discurso do analisante é, de saída uma Outra língua, é a língua do sintoma do sujeito.

Há um engano em supor que exista uma aceitação incondicional daquilo que o analista fala. Ao contrário, quanto mais a fala do analista puder estar orientada, vetorizada, marcada por aquilo que vem do analisante, melhor. Por quê? Em primeiro lugar, quando ele desdobra sua fala sob efeito de interpretação, ele desdobra em efeito de interpretação a partir de um discurso que veio do analisante; mas se esses efeitos de interpretação vêm do analisante, isso significa que quanto mais o sujeito comparece como sujeito dividido numa análise — ou seja, tendo acesso ao mais além do que é dito —, mais ele vai se dando conta da responsabilidade de falar em análise, já que o falar em análise não é a mesma coisa que falar na experiência cotidiana com o semelhante.

De fato, a análise pode modificar uma vida radicalmente, mas tenho as minhas dúvidas se uma análise conduzida sob a forma de interpretação como tradução é capaz de levar a experiência muito longe — que não seja de encontrar nesses mesmos limites que acabam sendo compartilhados entre o analista e o analisante no campo do sentido. É claro que isso não é tão fechado, porque, para nossa salvação, existe análise a despeito da competência dos analistas.

Se quisermos relembrar um exemplo de que a análise pode ir além da competência do analista, basta evocar o início da psicanálise pela relação de Freud com Fliess. É o exemplo típico de que pode haver análise mesmo quando aquele que ocupa o lugar do Outro é um paranoico delirante. Fliess foi colocado na posição de analista para Freud — releiam "Análise original", o artigo *princeps* de Octave Manonni que está no livro *Chaves para o imaginário* —, onde ele aborda a relação entre Freud e Fliess, atribuindo a Fliess o lugar de analista para Freud. Fliess não era somente um paranoico delirante; ele foi capaz de contribuir para que Freud criasse a Psicanálise. Foram encontros promotores de interpretação decisivos para Freud, a ponto de ele acreditar que em determinada idade, segundo os cálculos de Fliess, iria morrer. Então, é certo que esse laço que se estabelece entre o analista e o analisante não é um laço que fecha inteiramente as possibilidades de avanço, mas, para alguns sujeitos, pode retardar, e estamos aqui exatamente para poder considerar esse nível, assim como as possibilidades de avanço dessa experiência.

É sempre um pouco inibidor considerar o progresso da análise na direção de uma aceitação incondicional da autoridade simbólica. Porque o fim da análise fica estabelecido segundo o padrão de consentimento do analista. É o analista que sabe o momento em que a análise chegou ao fim. E se tem alguma coisa transformadora na teoria da transferência é exatamente isso, o final ser decidido pelo analisante.

O que embaraça muitos analisantes, por exemplo, que sabem que o analista é lacaniano, que trabalha nessa direção, é que depois de alguns anos que a análise avançou, começa a se colocar essa questão — é muito interessante: "Bom, eu fico o tempo todo me perguntando quando isso vai acabar. Você nunca fala. Sou eu que vou ter de dizer". E então há aquelas célebres precipitações, de querer ir embora achando que já terminou, mas ao mesmo tempo não está convencido, e aí retorna. Isso é sempre muito produtivo — bem mais produtivo do que achar que chegou determinado momento e, tendo analisado a dita neurose de transferência, se considera concluída a experiência.

Nessa direção da transferência que vai do amor ao saber, ou seja, em que os efeitos da fala se transmutam em efeitos de mais além do dito, é que o sujeito tem possibilidade de associar questões inéditas. Esse mais além do dito, por sua vez, não entra em operação necessariamente apenas por uma intervenção do tipo tradução. Digo não necessariamente, porque existem intervenções que passam pela tradução. São essas intervenções que Freud chamava de intervenções do nível pré-consciente, que estão num nível de acessibilidade discursiva. O analista pode tornar isso acessível, mas é diferente tornar isso acessível em alguns momentos da análise e orientar toda a análise por aí.

Na medida em que a experiência progride nessa direção é o analisante que vai se dando conta de que algumas coisas que ele fala vão tendo consequências cada vez mais acentuadas; por isso é típico, em algumas análises, o sujeito chegar e dizer em determinado momento — "puxa, eu não queria ter de falar isso, mas eu vou ter de falar e já sei que você vai fazer que eu tenha de falar isso de novo". Isso é típico de alguns sujeitos que sabem que uma vez falando alguma coisa aquilo vai retornar. E por quê? Porque tendo vindo do sujeito, como uma questão decisiva para ele, isso necessariamente será fonte de retorno pelo analista, e é por causa disso mesmo que se pode entender por que algumas questões capitais para um sujeito muitas vezes são adiadas durante anos para serem faladas numa análise.

Os Pagamentos do Psicanalista

Uma das condições que permitem que a pessoa responsável pela sustentação da função analista promova efeitos de elaboração encontra-se na dependência de pelo menos três fatores.

Em primeiro lugar, a análise do analista.

Em segundo lugar, a relação que o psicanalista mantém com o saber — porque, enfim, não podemos consentir que o sujeito que faz um curso de mestrado ou doutorado em Psicanálise, saia afirmando que é psicanalista, e isso, infelizmente, é moeda corrente nas nossas comunidades; ainda que se repita até a exaustão que a universidade não forma psicanalistas. Resta ainda esclarecer os motivos que levam tantas pessoas que fazem formação a procurar esse caminho. Penso que algo da dinâmica das Escolas mereceria ser questionado. Particularmente no que se refere a uma falta de vivacidade e inventividade, sempre cativantes quando presentes na relação com o saber.

É um fato que o tipo de relação do psicanalista com o saber decide pelos efeitos que ele promove. Por causa disso mesmo Lacan insistentemente afirmava — "evitem compreender". Valeria a pena esclarecermos os efeitos da compreensão no discurso universitário e do analista. Uma retomada de Jaspers, por Lacan, se anuncia como necessária.

A terceira condição é a relação com o público. Ela se estabelece pela publicação, e pelo tipo de relação com a comunidade analítica. Porque não são a mesma coisa o psicanalista solitário/autônomo e o psicanalista que participa da comunidade analítica.

Escuta-se com frequência incomum que é preferível estar do lado de fora, já que as instituições psicanalíticas não passam de uma panelinha que anda na contramão dos interesses mais autênticos da psicanálise. Ainda que possa ser verdade em alguns casos, interessa saber como cada psicanalista situa sua modalidade de autorização sem que esteja na dependência da recusa para se sustentar.

Por que a publicação é um elemento importante para um psicanalista? Em primeiro lugar, porque ela põe em ato o compromisso com a escrita. E um dos pontos fundamentais da escrita que evoca o percurso de um psicanalista é que nela, escrita, a presença do Outro a quem eu falo encontra-se ausente. Nesse sentido, a escrita abre a possibilidade de que o sujeito se depare com um público que não é mais somente o familiar. Parece-me importante esclarecer que, desde Freud, a escrita é constitutiva do aparelho psíquico sob a forma de traços. Por isso mesmo um trabalho de leitura lhe é coextensivo. O que nos leva a, retroativamente, se deparar primeiro com a leitura. Daí que a exigência da escrita, em nossa experiência, se coloca não mais como uma obrigação, mas sim como decantação.

No tocante à relação com o público, a escrita, pela publicação, encontra um lugar decisivo na formação do psicanalista através de Lacan. Relembremos, por exemplo, os textos "Nota italiana" e a "Proposição de 9 de outubro", que se encontram em *Outros escritos*. O que iremos reconhecer de comum nesses textos é a orientação de que todos os fundos que forem recolhidos pelo pagamento das mensalidades devem ser revertidos em publicação.

Ainda no tocante ao público, existe o público próximo, que é aquele nomeado por Freud como Fliess — "meu único público". Ele atualiza nesse conjunto limitado em termos de quantidade, a que chamamos nossos pares. E há um Outro público, composto por aqueles com quem mantemos uma relação de exterioridade, no sentido em que não são necessariamente familiares a ponto de serem pessoas que possamos nunca conhecer.

A noção diferenciada de público nos permite aprender por que consideramos necessário, em 2008, continuar a ler Freud. Se fôssemos americanos não leríamos Freud, só poderíamos ler os artigos de 2000 para cá, porque, afinal de contas, estamos no século XXI e temos de ler o que está no século XXI, mantendo-nos atualizados. Isso é cada vez mais presente nas comunicações científicas: quanto mais longeva é uma obra menos importância ela tem. Existe evidência mais consumada do saber, tal como uma mercadoria, ocupando o lugar que lhe é conferido pelo discurso do capitalista?

Ler Freud

Por que consideramos a necessidade de ler Freud? Não é somente porque ali ele nos transmite algo que é próprio à nossa experiência. O conjunto de textos que fazem parte dessa descoberta nos orienta a traçar os limites de um campo de experiência, campo esse a ser retomado e interrogado em seus diferentes pilares de sustentação. Sendo assim, a leitura de Freud deve ser acompanhada de outros que nos permitem realizar esse trabalho de insistência que é a leitura. Lembrando, mais uma vez, que o que aqui se indica como leitura se refere ao saber textual, ou seja, trata-se tanto do texto de Freud quanto de sua leitura como sinônima de impasse/divisão/elaboração, visando o discernimento de sua estrutura. Da leitura aos traços.

Apreender a estrutura de um texto é inteiramente diferente de uma busca de sentido, porque posso discordar de um autor quanto à leitura que ele faz sobre determinado acontecimento, mas reconhecer que a leitura da estrutura é valiosa. Em outras palavras: a forma como ele realiza os desdobramentos da leitura da estrutura podem ser problemáticas, mas a leitura da estrutura pode estar de acordo. Isso faz que as escritas se diferenciem, porque existem escritas que visam à estrutura e existem escritas que visam ao universal, ou seja, ao sentido. E em que lugar se aprende isso com muita facilidade? Quando se usa um caso clínico nas comunicações. Há determinados autores que consideram inteiramente imprescindível contar a história familiar — o que me parece inteiramente legítimo —, e valorizam determinados acontecimentos da história do sujeito que são decisivos para a sua constituição.

A partir de que ponto se lê um caso? Não lemos um caso no sentido da progressão da infância em direção à vida madura —

"Ah! Então foi aqui que aconteceu o problema". Não, o problema aconteceu a partir do momento em que o sujeito foi marcado por ele e que o destaca como ponto de referência de seu padecimento como sintoma. É inteiramente diferente me valer de um caso clínico acrescentando informações exaustivas, como se o máximo de detalhamento sobre a vida privada implicasse necessariamente esclarecimento. Temos aí uma diferença de escrita que é uma diferença de leitura, porque, enfim, não existe leitura sem escrita, assim como não existe escrita sem leitura.

Onde está o fundamento dessa teoria que apresento? O fundamento dela está em Freud, porque, sim ou não, foi Freud que afirmou que o aparelho psíquico era primeiramente marcado, constituído por uma escrita de traços que retroativamente vão fazer sentido para uma leitura do sujeito? É aí que se encontra uma teoria da escrita em Freud, assim como uma teoria da leitura também. A teoria da leitura se encontra indicada no texto "A interpretação dos sonhos", quando ele faz a diferença entre interpretação simbólica e interpretação por deciframento do sonho, entendendo que interpretação por deciframento é aquela que procura privilegiar os elementos pontualmente, e não no seu conjunto, como a teoria simbólica realiza.

Nesse sentido, por meio da publicação que faz chegar ao público é que o analista põe em exercício a sua relação com a leitura. Tal tipo de relação é a colocação em evidência da forma como ele clinica. E se é preciso trazer isso a público pela escrita, não é para mostrar aos outros como ele faz. A publicação é uma forma de dispensar tratamento à paranoia, na medida em que endereçamos nossa produção ao Outro, reconhecendo-o de forma contingente. Caso estivéssemos convencidos da excelência de nossas próprias ideias, nesse caso, merecidamente intituladas de próprias, não haveria por que fazer a escrita chegar a um destino Outro.

Por que um psicanalista fala, escreve, publica? Para mostrar aos outros que ele sabe? Não. O isolamento das estruturas que norteiam nossa práxis encontra-se diretamente ligada a esses fatores, além de deixar indicado que o exercício de falar, escrever, publicar é o negativo da autonomia.

Um sujeito poderá aproximar sua fala da escrita desde que sua fala caminhe na vetorização desses pontos nevrálgicos que dão constituição ao dito acontecimento que se quer privilegiar, pelo recorte da estrutura. Esse recorte não se resume ao enquadramento do sujeito em algum tipo clínico que a estrutura do estruturalismo com sujeito permite isolar. O recorte é também a remontagem como invenção de um lugar que permite mostrar sua posição e a forma pela qual a sustenta, ou seja, seu *sinthoma*.

O ponto que nos importa é aquele que leva às articulações, destacando a presença do sujeito em sua relação com a causa do desejo, que, por sua vez, é o que define o tipo de saber próprio à nossa experiência.

Por que essa íntima ligação entre a relação do psicanalista com a própria análise, a relação com o saber e a relação com a comunidade analítica? Porque o termo que conecta os três é o da perda. Perda do ser, perda da verdade e perda do Outro; condições essas que agilizam em direção aos pontos nevrálgicos, assim como foi a constituição de relações entre os pares que não sejam sustentadas pelos ódios. Não se trata, portanto, de uma abertura para escutar qualquer coisa. Escutar qualquer coisa a gente escuta dentro do consultório. Ainda que não seja tão verdadeiro assim, caso contrário haveríamos de continuar escutando discursos considerados fundamentais pelos sujeitos que nos relatam, e de nesses momentos, muitas vezes, realizarmos o corte como ato.

O que é essa relação com a comunidade analítica? Quando é que temos possibilidade de manter um diálogo com outros chamados de bionianos, kleinianos ou reicheanos? É quando em nosso próprio discurso já não temos mais a necessidade de orientar nossa fala por alguma coisa que seja sinônimo de filiação como fidelidade, mas fazer Outra coisa com o pai, Outra coisa com Freud e Outra coisa com Lacan, sem prescindir deles por inteiro. Existe aquela frase célebre de Jung, quando uma vez lhe disseram que ele era "um psicanalista do tamanho de um gigante". Nessa época, em que estava junto com Freud, ele respondeu que "parecia um psicanalista do tamanho de um gigante porque ele estava apoiado nas costas de outro", que era Freud. E é exatamente isso que merece ser levado em consideração, porque ainda que tenhamos essa veleidade de achar que tudo é criado segundo a nossa cabeça, precisamos nos referir às fontes do saber, já que as citações, como Lacan enuncia no Seminário XVII, são uma forma do dizer.

De fato, dizer que o nosso saber não é sinônimo do saber universitário não significa que o saber universitário não nos interesse para nada. Ele não nos concerne naquilo que é a relação mais imediata com a clínica psicanalítica, mas, para a formação do psicanalista, ele é uma condição necessária. Por quê? Porque é preciso saber o que está escrito. É preciso ler um texto e dizer: "ah! neste texto está escrito tal coisa".

ÓDIO E COMUNIDADE ANALÍTICA

É preciso, portanto, escutar o que está sendo falado. E o texto fala — razão pela qual insisto em que a forma como se lê decide pela maneira como se clinica. É preciso levar em consideração que a relação do psicanalista com a comunidade analítica deva ser orientada não mais nesse sentido de abertura para participar de qualquer coisa (porque não temos essa capacidade). Gostamos de divulgar nossa capacidade de lidar com as diferenças. Gostamos de propalar tal coisa porque isso engrandece o nosso narcisismo, mas, de fato, vamos aos lugares e saímos de lá da mesma forma que entramos. É que, na maior parte das vezes, os congressos servem para encontrar os amigos; para aprender alguma coisa, porém, é bem mais difícil. Até porque tendemos a ser bem pouco criativos em relação aos dispositivos dos quais nos valemos. É como se não contássemos com a exaustão, ou, ainda, nos valemos de palavras de ordem e imperativos de ação, como forma de lidar com ela. Não deixa de ser estranho que, sob o manto da responsabilidade, esconda-se o medo de ver alguns projetos não serem levados adiante. É como se precisássemos lançar mão de mais imperativos, além daqueles que nos habitam, como forma de garantia de uma aposta no desejo. De tal forma esse tipo de prática se tornou corrente em nossas comunidades de trabalho, que já não conseguimos mais reconhecer que é nesse terreno da sujeição à responsabilidade e aos compromissos que germinam os futuros ódios que nos espreitam — a serem atribuídos, somente, a algum tipo de particularidade de seus agentes.

Em termos da comunidade analítica, o que é preciso praticar para aprender alguma coisa? É preciso praticar a escrita, tanto no sentido desta que estou articulando com vocês, quanto aquela que decide por uma política como consequência desta.

É fundamental que haja uma diferenciação, e essa diferenciação, ao contrário do que se pensa, não é estabelecida em termos de filiação, ou seja, não é somente porque sabemos repetir ou o referenciar os saberes que estão nos textos dos mestres que nos orientam. Não é por isso. É porque, a partir dos mestres ou do mestre que nos orienta temos a possibilidade de cernir, de destacar, de privilegiar determinadas formas de sustentação dos problemas. Então, há diferença entre sustentar um saber no nível da filiação a um saber referencial, em que praticamente se recolhe uma compulsão à citação. A filiação como imperativo nada mais é que uma degradação da autorização, plenamente admitida e cultivada em nosso meio. A lógica da descoberta é suplantada pelo gozo da repetição. O que não impede que haja sujeitos que desconstroem essas montagens e conseguem realizar produções singulares.

Esse ponto nos leva imediatamente à nossa concepção de psicanalista e de sua relação com o saber. Fala-se — de forma romântica — sobre essa condição que o psicanalista deveria portar. Repetindo o jargão freudiano "abordar cada caso como se fosse um caso". Condição praticamente impossível de ser realizada quando a confundimos com uma disponibilidade que haveria de se renovar a cada encontro. A diferença não está aí. Ela é sustentada na condição de o psicanalista poder esquecer o que sabe. Ocorre que ninguém esquece o que sabe de maneira voluntária.

Para poder esquecer o que se sabe é preciso se desembaraçar do apego ao sentido. Como é que alguém se desembaraça do apego ao sentido? Quando podemos destacar os pontos que compõem a estrutura a partir da qual o sentido se constitui.

Então, para esquecer o que se sabe, para poder acolher cada pessoa que chega de forma própria, é preciso fazer objeção ao sentido. E o que é objeção ao sentido? É não achar que tudo que o sujeito diz tem a maior importância. Não é preciso estar atento a tudo — desatento é melhor. Às vezes acontece de alguns analisantes dizerem: "estou achando que você está dormindo". O sujeito fala, fala e o analista não diz nada, mas não diz nada porque naquilo que está sendo falado naquele momento não há nenhum elemento para ser destacado. Freud falou em "atenção flutuante". Ele não a nomeou de atenção vigilante. Os momentos em que surgem possibilidades de intervenção do psicanalista são, na maior parte das vezes, momentos de claudicação, de advento do real. Nesse sentido, mais do que estar preparado para realizar intervenções inteligentes, trata-se de estar atento às manifestações de fracasso do discurso em sua coerência própria.

PSICANALISTA, PUBLICAÇÃO E COMUNIDADE ANALÍTICA

Estou colocando o encadeamento desses três pontos — análise do analista, relação do psicanalista com o saber e relação do psicanalista com a comunidade analítica —, entendendo que essa relação com a comunidade analítica passa pela noção de escrita, como publicação.

Há um Outro tipo de determinação do lugar que o psicanalista ocupa na transferência e na comunidade analítica. Existe uma relação entre esses pontos. O problema é manter essa relação sem que ela seja uma determinação, porque a relação que o psicanalista tem com a comunidade analítica não é mais como analista, como analista ele só opera porque existe alguém que o coloca nesse lugar. Nós é que consideramos — por falta de recurso da linguagem — que o psicanalista está lá também, na comunidade analítica: quando ele está dando seminário, quando está fazendo uma intervenção, participando de grupos de estudo, de uma assembleia.

É certo que a discursividade que orienta a posição do analista na comunidade analítica tem uma relação com o lugar que ele ocupa na dinâmica da transferência. Por quê? Porque ele é visto a partir desse lugar que ocupa na comunidade analítica, e produz efeitos, através dos outros, nesse lugar que ele ocupa na transferência, porque os sujeitos tendem a considerar que ele seja o mesmo, a mesma pessoa. Então, é como se aquele que está lá falando fosse o mesmo que está sentado na poltrona. Por que é importante que essa relação não seja de determinação? Porque se houver relação de determinação, se o psicanalista for o mesmo, ele lá sentado e ele participando da comunidade analítica..., se ele for o mesmo, o psicanalista "existe".

Se há algo a que é preciso fazer objeção é à "existência do psicanalista", e é isso que significa, em poucas palavras, o alinhamento de Freud ao incluir o psicanalista como uma das profissões impossíveis. O psicanalista não é da ordem da existência. Ele é sem substância, ainda que seja referenciado por um corpo, um nome, que tem peso, volume, altura etc. Mas é certo que aqui temos um elemento complicador, porque, se o psicanalista privilegia e sustenta com rigor a sua função, quando participa da comunidade analítica ele não vai se relacionar com seus pares como se não fosse analista. Não é porque essas coisas não podem ser determinadas uma pela outra que ele é inteiramente diferente em uma ou em outra situação, até porque o exercício da psicanálise determina presenças diferenciadas em diferentes lugares, dependendo do público que está presente, dependendo das questões que estão destacadas, dependendo do diálogo que é mantido — o fato de que uma forma de presença não seja comum a outra, mais do que desembaraçar uma questão, torna-a mais complexa. Se não dá para ser o mesmo na comunidade analítica e na função de analista, isso não significa que uma rasure a outra.

Há uma relação de estrutura porque a presença do analista, tal como Lacan a define, não diz respeito somente ao sentido de corpo presente. Ela é antes ainda uma presença, porque é uma presença marcada por uma ausência, e uma ausência de quê? Marcada por uma ausência da subjetividade que é a pessoa do analista. E é só por causa disso que, como presença, ele pode fazer agir o ódio, através desse destacamento do elemento significante. Porque a presença — quando Lacan diz "presença do analista" — é a consideração de que, a partir de Freud, Lacan retoma esse lugar do "morto" para o analista. É a morte do eu, morte do ego, e, uma vez isso realizado, o ódio é um efeito possível, e necessariamente há de estar atuante quando o analista está presente. O analista haverá de estar presente pelo destacamento do que claudica. Por isso, mais uma vez se reafirma a necessidade de elaboração da forma como se concebe o psicanalista e de como se dá tratamento à questão do ódio, porque se considero o psicanalista no eixo da intersubjetividade, a contratransferência é o meu guia para a condução das questões do sujeito. Em contrapartida, quando se dá como um efeito da ordem significante, essa produção de ódio permite um Outro manejo do analista. E por que é assim? Porque, de saída, quando o ódio vem pelo lado do sujeito, o analista não tem de ficar preocupado — "Onde foi que eu errei?" Não, ao contrário, é exatamente porque ele estava nessa condição de presença que o ódio pode ser suscitado como um efeito da sua presença, e uma vez que ele não se sente culpado pela manifestação de ódio dirigida a ele pelo sujeito, pode ficar mais à vontade para destacar os significantes que começam a proliferar nas acusações que lhe são dirigidas.

Voltando ao que estávamos falando: se é necessário levar em consideração essa concepção do que é o psicanalista no sentido dessa função, quando se trata de fazer valer o lado do sujeito, um saber que se conquista na medida em que o sujeito se divide, perguntamos: de que forma o sujeito que está falando se divide? Ele se divide por onde somos divisíveis. E somos divisíveis pelo desejo inconsciente. Só que não são divisões que se sobrepõem. Quando tenho divisão pelo inconsciente, tenho divisão que retorna no próprio discurso. Freud chamou de formações do inconsciente aquelas discursividades que traem a intenção do sujeito, e há também a célebre aproximação que Lacan faz entre a verdade e o erro: é quando o sujeito erra que surge a verdade.

Aliás, para iniciar a abordagem desse tópico, há um capítulo no Seminário 1 que se intitula: "A verdade surge da equivocação". Depois, isso vai surgir ligado com o erro. Então, uma coisa é advir pelo discurso num embaralhamento que o próprio fato da existência do inconsciente promove, e esse embaralhamento é tributário do fato de não sermos senhores do nossa própria fala. O que deixa entrever que o inconsciente não é tão íntimo e privado como se tende a sustentar psicologicamente.

O inconsciente, como afirma Lacan, é aquilo que falamos, porque enquanto falamos é que apresentamos nossa divisão, traindo as intenções. E isso acontece no nível da discursividade, que pretende dar conta daquilo que queremos transmitir ao Outro, reafirmando a diferença entre aquele que fala e aquele de quem se fala. Tendemos a supor que aquele que fala e aquele de quem se fala são os mesmos, e a descoberta da psicanálise é de que aquele que fala não coincide com aquele de quem se fala. Em contrapartida, a divisão que vem pelo desejo não participa do mesmo tipo de divisão que é própria às formações do inconsciente, à discursividade comum. Porque já que não temos possibilidade de acesso direto ao desejo, só podemos chegar ao desejo através da demanda.

É num desdobramento da demanda que pode surgir o desejo consequentemente, a dimensão do desejo é o que coloca o homem numa condição de mutação.

Se, pelo lado das formações do inconsciente temos a presença da divisão como um efeito do que se pronuncia para além das intenções, pelo lado do desejo temos uma condição de que ele se apresenta pela evitação, ao não querer desdobrar a demanda, tendendo a insistir no ponto em que o princípio do prazer se instala. Por isso, é fundamental que o psicanalista agencie pela condição de causar o desejo no analisante. Para causar o desejo ele precisa poder conduzir o sujeito na direção das questões que tendem a ser evitadas, mediante estratégias de conformidade e correspondência.

Se o sujeito foi abalado em sua unidade egoica, ele vai tentar refazer sua imagem, responsabilizando ao Outro, tentando eliminar a causa da divisão. Contudo, quando há possibilidade de fazer que isso que veio à tona pelo ódio se desdobre em associação e deslocamento, aquilo que a princípio era ódio franqueia à dimensão do desejo. Nesse ponto em que o sujeito procurava se opacificar — constituindo-se inteiramente em bloco, numa devoção incondicional, monolítica, estática ao Outro — ele encontra uma possibilidade de passagem; uma possibilidade de, pelo ódio, passar ao desejo. E há essa condição de passagem pelo ódio ao desejo, assim como há possibilidade de tratar o desejo odiosamente — é a condição mesma da neurose obsessiva, enquanto ódio ao desejo. Por que o neurótico obsessivo devota ódio ao desejo? Porque o desejo, como mais além da demanda, barra a estratégia do obsessivo de transformá-lo em demanda, ao preço da escravidão de seu ser à satisfação pretensamente incondicional do Outro.

Através desses últimos desenvolvimentos podemos considerar que a reação de ódio é acompanhada por uma atribuição de significado que visa o ser do Outro como hostil, na medida em que esse último promove a divisão e a disolução de unidade na qual a identidade egoica se afirma. Tal condição revela que o ódio é uma proteção contra a angústia, principalmente se considerarmos que a falta de significação do desejo do Outro para o sujeito como base da angústia é o que o ódio sutura pela significação hostil atribuída pelo sujeito.

Nesse sentido podemos acompanhar os chamados ódios atávicos, aqueles que são responsáveis pelos genocídios.

Se se trata de situar a função do psicanalista pelo negativo das atribuições e competências, é mesmo porque aquilo que importa é privilegiar o desejo do psicanalista como o elemento a partir do qual o tratamento é conduzido; entendendo que tal desejo se define por estabelecer como objeto do desejo o desejo do analisante, a ser tratado numa referência de mais além do analista.

A prática com o inconsciente e o desejo prescinde de capacitações intelectivas daquele que escuta. Mais do que uma formação universitária supostamente à altura do que seria exigível para ocupar a função de psicanalista, é necessário que ele se mantenha numa relação com o que, pelo inconsciente, introduz uma nova ética. É, portanto, a relação com o desejo que deve ser sustentada no caso de o psicanalista poder prescindir de se comprometer com normatização ou adequação aos saberes constituídos. Por isso mesmo é que, nesse sentido, a psicanálise é uma prática não imoral, mas amoral. Como afirmei antes, o moralismo é o que tendemos a sustentar em nossas relações, na medida em que nos conformamos ao imperativo dos discursos dominantes que regulam o laço social.

ÓDIO E REINVENÇÃO

Se há alguma coisa de louvável quando lemos os psicanalistas da época de Freud, dando destaque especial, por exemplo, para Ferenczi, o que encontramos nesses sujeitos é a capacidade de colocar em exercício como prática ética a dimensão do inconsciente, ou seja, eram sujeitos que se valiam dessas diferentes manifestações e descobertas para ir além daquilo que estava instituído. Nesse sentido, Freud foi alguém que tinha uma abertura surpreendente, a ponto de manter ao seu lado aqueles que tinham uma orientação que ia na direção contrária daquilo que seriam os princípios do inconsciente por ele estabelecidos, e que davam sentido e razão à sua prática. Portanto, se se trata de insistir na direção de discernir o conceito de psicanalista é mesmo porque, nos nossos dias, é necessário, como fator político, retornar à psicanálise como prática de leigos; só dessa maneira vamos ter condições de estar à altura de responder às diferentes formas de degradação instituídas na cultura, a ponto de os evangélicos acreditarem que podem formar psicanalistas, ou de determinado segmento da comunidade médica acreditar também que os psicanalistas precisam estar ou submetidos à formação médica, ou ao consentimento deles. Isso está fora de questão para uma prática psicanalítica que se alinha aos fundamentos freudianos.

Se não retornarmos a esse tipo de fundamentação, em muito pouco tempo haveremos de compartilhar a necessidade de estabelecer certo tipo de garantia que haverá de, supostamente, promover uma eficácia da prática psicanalítica. E é o que começa a surgir, porque não é de hoje que existe essa insistência no meio analítico de que, enfim, se formem aglomerações, se formem sindicatos, se formem filiações; em outras palavras, que se conquistem mercados com certificados de garantias ilusórios.

Se não estivermos atentos a essas questões, em muito pouco tempo estaremos numa situação semelhante à da Europa, hoje, que é uma situação dramática em alguns países, onde os psicanalistas têm de se submeter a injunções que vêm da comunidade científica. O ódio participa da constituição, tanto quanto da dinâmica de funcionamento das nossas comunidades. Significa reconhecer que existe um retorno do lugar que o sujeito investiu o Outro, na composição da vida associativa, sem que tenhamos condições de nos dar conta disso. Ao contrário, quando presente, esse retorno do ódio é revestido por ideais de eficiência e dedicação. Um exame mais atento deixa entrever que não há nada de natural em alguns fenômenos que se repetem, tais como degradação dos pares e ruptura abrupta dos laços associativos. Por outro lado, o excesso de investimento em tarefas e trabalhos à mal chamada causa psicanalítica tende a promover, por um lado, a rivalidade, e por outro, deixa como alternativa aos sujeitos quererem se desvencilhar abruptamente do saber como forma de conquista de suas particularidades. Não por acaso recolhemos manifestações de alegria quando compromissos institucionais são desmarcados. Da mesma maneira, surpreende que o lazer seja identificado a "não falar nada de Psicanálise"

Acompanhar o avanço dessas questões nos deixa minimamente advertidos para situar essa proliferação da busca de títulos de pós-graduação. Não somente procura-se por eles em benefício da bolsa. Alguns sujeitos cultivam a ilusão de que a posse dessas titulações lhes confere acesso a uma outra atividade, como professor, que permitiria ganhar um pouco melhor. Essa ilusão disseminada a torto e a direito encobre o fato de que o contingente expressivo de desempregados é de diplomados com mestrado e doutorado. Recolhe-se a eficácia do discurso do capitalista que encobre a realidade do mercado de trabalho e suscita, pelos títulos de pós-graduação, a nova mercadoria de consumo: o saber universitário. Que uma parcela significativa da comunidade analítica participe dessa instrumentalização me parece incontestável. Mas o que de fato me parece alarmante é recorrer às universidades como meio de acesso a uma diversidade maior dos saberes. Nesse ponto podemos recolher os efeitos de ensinos comprometidos em sustentar uma literalidade sem subjetivação, ou ainda um tipo de transmissão que muito rapidamente se expressa por fórmulas que impedem reconhecer os impasses que os conceitos abordam.

Afirmei que esse tipo de prática de ensino é preocupante em nosso meio pelo fato de que ela promove o ódio. Isso porque, quando é a relação com a Psicanálise que passa a ser sustentada em função de preceitos, que, por sua vez, são geradores de uma rivalidade que alimenta a necessidade de desqualificação de tudo aquilo que não se apresente sob o modelo da coerência e da exatidão lógicas. Há um encantamento com esse tipo de transmissão, que cobra seu preço ao preparar praticantes da Psicanálise extremamente suscetíveis a não estranhar o abismo entre a coerência da fala sobre os conceitos e a clínica. Mais do que isso, produz também uma adesão ao discurso da ciência, que não passa por uma crítica mais rigorosa. Acaso não se percebe a aptidão de muitos psicanalistas em se valer dos significantes da ciência, síndrome do pânico, depressão, bipolar etc., sem interrogar a recusa ao inconsciente e ao desejo sexual presente neles?

Com isso estou procurando chamar a atenção para o fato de que a excelência do saber referencial não é garantia de introduzir uma ética comprometida com o desejo sexual. Tudo isso é evidente, pode-se argumentar. Como se a saída para tais impasses implicasse na recusa do saber e da formalização. Trata-se, sim, de levar a sério, ou seja, fazer série com a tarefa que Lacan nos legou: reinventar a Psicanálise. Aliás, forma mais prudente de tentar situar essa questão me parece se colocar de maneira a não confundir reinvenção com criar tudo de novo. Mas, sim, de começar a identificar problemas e impasses que nos rodeiam para então inventar soluções à altura de manter a vigência do desejo.

Como afirmado antes, a forma própria de funcionamento do ódio implica eliminação da verdade e do saber do Outro. Por isso mesmo, os homossexuais têm razão ao afirmar que existe uma incompatibilidade entre o homossexualismo e a religiosidade, porque a religião só aceita que o homossexual integre a comunidade dita religiosa se ele abdicar forçosamente da verdade e do saber que mantém relação com sua posição sexual.

Extraímos dessa denúncia uma condição fundamental. A de que antes ainda de haver uma suposta abertura por parte do psicanalista a conviver com qualquer um, não é esse o tipo de abertura que nos importa. O que importa é um tipo de abertura que possa levar em consideração a verdade e o saber que vem pelo Outro.

Há necessidade de o psicanalista se incluir nessa economia que é própria ao ódio e que, por sua vez, é a economia da transferência mesma.

***

[Pergunta sobre a relação do deprimido com o ódio]
Resposta: Se existe alguma coisa que é evitada pelo deprimido é a experiência do ódio. O ódio é evitado, porque lidar com o ódio é lidar com o Outro. Se existe algo que o deprimido procura é eximir-se de ter de se haver com a divisão que vem pelo Outro, e é nisso que se pode entender a depressão como sinônima de demissão subjetiva.

E o que é que se recolhe de ilustrativo nessa demissão? É o sujeito que faz questão de estar sempre encoberto. Ele não vai simplesmente para o quarto se deitar. Faz, sim, questão de se cobrir, por isso mesmo que a coberta, o cobertor, a colcha, o lençol têm para o deprimido um valor eminente, porque é ali que ele realiza, ele mostra a questão que está em jogo, ou seja, a de fazer um anteparo diante daquilo que vem do Outro. Se há algo que a experiência da depressão evita é entrar em contato com essa dimensão do ódio, por isso o ódio tem, no nosso caso, uma função privilegiada: causa despertar.

Forjei a expressão de que o sujeito depressivo é aquele que cai antes da queda, ou seja, ele se demite. Não se arrisca a ter de entrar numa dialética do desejo. Há sempre a possibilidade de objetar: e as chamadas depressões endógenas que os sujeitos se apresentam segundo comprovações químicas? Não deixa de participar da mesma questão, porque, afinal de contas, não existe nenhuma incompatibilidade entre o que se chama endogenia e psiquismo, quando a abordagem se concentra pela medicação. Há um padrão que é comum aos sujeitos deprimidos: "Não me convoque, não me exija". O voto de demissão se sustenta pelo apoio das suas funções fisiológicas — a ponto de impedir deslocamentos motores. Portanto, esse "não me toque, não me convoque" está claramente colocado quando se convoca o sujeito deprimido para algum tipo de comprometimento e implicação. Imediatamente ele se justifica: "Você não sabe que eu sou deprimido?" Eis aí a frase pela qual ele supõe justificável a sua renúncia.

Tarde de 21 de junho de 2008.

Terceira Reunião

ÓDIO, ESPAÇO E EXTERIOR

Vou começar retomando algumas afirmações que podem ser destacadas a partir do que foi apresentado no encontro passado. A tradição freudiana nos aponta a necessidade de considerar o ódio como primário, ou seja, o ódio vem antes do amor, ainda que, possivelmente, tenhamos uma ideia firmada sobre a conexão de amor e ódio, no que se refere à transferência.

Essa condição é apresentada por Freud através do ego--prazer, como estruturação do sujeito que é abalada em virtude de o exterior ser apresentado pelo desprazer, e responsável pelos efeitos de produção de ódio. Constitutivo do estrangeiro, o ódio é responsável pela noção de espaço, na medida em que esse exterior posteriormente vai ser incluído pelo sujeito como próprio. Ao desdobrar essa noção de espaço exterior com a realidade, o ódio vai cumprir a função de barrar as intenções do princípio do prazer.

Se podemos sustentar os pontos aqui indicados, podemos também reafirmar que, de fato, o ódio está colocado antes, porque logicamente é preciso considerar o Outro barrado que dá constituição ao sujeito, Outro esse que Freud alinha com o desprazer, como barra que atualiza a presença da Lei da castração.

Reconhecemos então que a elaboração freudiana apresenta o ódio como indestrutível, porque, sendo sinônimo de exterior, espaço e desprazer, não há como fazê-lo desaparecer sem colocar em risco a própria existência do sujeito. O ódio como sinônimo de desprazer é tributário da concepção de um sujeito que se estrutura pelo ego-prazer, daí essa conexão estreita entre o ódio e narcisismo ou, como vinha articulando, do ódio com a imagem de plenitude.

Mas de que forma se dá a conexão entre ódio e narcisismo? Temos um ódio articulado pelo *Eu ideal*, e outro articulado pelo *Ideal do eu*. Esse ódio que está como efeito do *Eu ideal* é provocado na medida em que o sujeito se confronta com uma imagem de plena potência, que suplanta a sua, colocando-a em risco. Esse tipo de afetação acontece porquanto tal sujeito visa a realização de um si mesmo que não seria tributário de um Outro, seja imaginário ou simbólico.

Aqui estamos no terreno da prática psicanalítica, e é certo que se o ódio pode ser um efeito do comparecimento do significante diante de uma imagem que se pretende única, isso significa que o ódio está inteiramente presente em todo manejo, em toda direção que se pretende orientada pelo simbólico. Por isso é que podemos entender por que Freud fez questão de colocar como íntimo da transferência o problema do ódio e do amor. O problema do ódio e do amor está presente na transferência porque, a partir do manejo simbólico, é conferida ao lugar do analista a dimensão do significante, que se apresenta para além das intenções de quem é responsável pela condução do tratamento.

Então, quando Freud aponta essa necessidade de considerar a transferência nodulada pelo amor e ódio, podemos extrair como consequência que essa elaboração só é possível porque uma das fontes de elaboração do ódio está diretamente relacionada à condição que o significante produz nos sujeitos.

Existem diferentes efeitos do significante, mas, quando ele produz ódio na sua atualização, esse ódio é uma condição do sujeito que se sustenta pela imagem visando a completude. E é por causa disso mesmo que os momentos de comparecimento do ódio na transferência são momentos que permitem um desdobramento positivo. Em que sentido? No sentido em que, mais que o privilégio de indicar ao sujeito a falência das suas intenções egoicas, quer dizer, mais do que fazer uma interpretação do tipo acusatória — no sentido de que o sujeito só está sentindo aquilo porque ele, de fato, pretendia se sustentar numa posição de plena potência imagética —, o que é fundamental é poder destacar esses elementos significantes que retornam e se atualizam pela transferência e, a partir de então, relançá-los, permitindo o advento de uma Outra posição.

Dependendo do tipo de concepção de transferência, os efeitos de condução da experiência no sentido da presença do ódio vão ser inteiramente diferentes. Isso porque não é a mesma coisa lidar com a presença do ódio como condição em que o sujeito responde no sentido de manifestar ódio porque ele foi frustrado. Se interpreto o ódio como uma limitação do sujeito isso significa que ele deveria estar mais preparado para assimilar os efeitos que tal diferença promove. Isso implica na desconsideração dos efeitos que o fantasma promove, assim como nas condições de enrijecimento que algumas instrumentalizações discursivas que visam a unidade estabelecem.

Nessa condição de interpretação, não se trata de atribuir ao sujeito uma baixa tolerância à frustração. O que importa é que a interpretação venha como um dizer do sujeito.

Por que a pulsão de vida e a pulsão de morte estão diretamente conectadas e atualizadas no ódio? Porque não existe exterior sem interior, portanto, não existe ódio sem amor. Afirmar que não existe ódio sem amor não significa que não exista possibilidade de o ódio ser isolado, de o sujeito se sustentar por ele. O sujeito que vai se sustentar pelo ódio é aquele que mantém um voto contínuo e inabalável de destruição endereçada ao Outro. Essa posição é recolhida de forma exemplar nos ódios étnicos, os que prescindem de relações estabelecidas pelo próprio sujeito.

Solicitei a leitura do artigo de Lacan que se encontra no final da tese, sobre o crime das irmãs Papin. Para aqueles que não tiveram oportunidade de ler, falo brevemente, já que falar de psicose não me parece algo muito fácil, particularmente quando não são privilegiadas explicações de caráter totalizante. O que é clássico na paranoia em termos de ódio? A destruição do Outro. Nessa destruição, diferentemente do neurótico, ela é realizada no real. Isso significa que a psicose, definida nesses termos, é ilustrada especialmente pela paranoia. Por que sempre que falamos de psicose elegemos a paranoia como modelar? Exatamente porque nela encontramos realizada a condição de um sujeito capturado pelo Outro. Nele, a separação não vigora, ao mesmo tempo que evidencia a condição de ser falado pelo Outro. A separação fica condicionada a algum ato de eliminação do Outro, uma vez que a ausência dialética eleva o ódio à condição de garantir ao sujeito um recurso para sustentar sua existência. No caso da neurose encontramos a referência de separação referida ao pai e os consequentes votos de ódio e destruição experimentados como ódio imaginário.

Se, por um lado, o ódio se expressa nessa condição de um voto de destruição, é fato também que ele pode comparecer como excesso de dedicação ao Outro. Nesse excesso de dedicação ele faz questão de lembrar que se entrega por inteiro para satisfação ao Outro. Lacan deu a isso o nome de oblatividade, quer dizer, nessa condição o sujeito se priva, presenteando com seu ser e incondicionalidade. Por isso, na neurose obsessiva, é preciso sempre tratar com reserva as manifestações de presenteamento ao analista.

Se isso que insistimos em elaborar tem alguma consequência para o que compartilhamos, essa propriedade é a de emprestar fundamento para a direção do tratamento. Ao mesmo tempo, haverá de poder ser retomada e estendida ao laço social. Nesse sentido vamos tentar, aos poucos, encontrar possibilidade de situar o antissemitismo, intitulado como o mais antigo dos ódios.

ÓDIO E AS IRMÃS PAPIN

Para aqueles que não tiveram oportunidade de ler o artigo de Lacan, relembro brevemente, que as irmãs Papin eram duas mulheres que trabalhavam como empregadas e moravam na casa de uma família, os Lancelin, permanecendo sempre fechadas dentro do quarto, mesmo nos seus dias de folga. Um dia, devido a uma pane elétrica — provocada por elas mesmas — ficam impedidas de cumprir a tarefa de passar algumas peças de roupas, sendo repreendidas pela patroa, Madame Lancelin. Elas agridem as patroas e o que é notável nesse ato é que não somente dilaceram os corpos das duas, mãe e filha por inteiro, mas fazem questão de arrancar-lhes os olhos. Depois de cometido esse rito atroz, elas vão se lavar. Deitam-se novamente na cama, juntas, e aguardam a chegada da polícia. Lacan chega a lembrar, em seu comentário, que temos aí, nessa condição de arrancar os olhos, uma das metáforas notáveis do ódio: "Eu lhes arrancarei os olhos", e que recebe, nesse caso, sua execução literal. Vai articular ainda que o que é característico da reação paranoica é que o assassinato resolve aquilo que está na base da paranoia: a pulsão agressiva. Então, uma vez que o Outro foi destruído, o delírio se remite, (ainda que no caso de Christine isso não aconteça). Lacan conclui que é na base da paranoia que encontramos a pulsão assassina.

Por que essa condição está definida como destruição do Outro na paranoia? Porque, diferentemente do neurótico, a condição do psicótico é a de que não existe separação entre o ideal e o sujeito tornado objeto. Então, para o psicótico, haverá sujeitos que encarnarão o seu ideal, ou seja, eles serão fonte de admiração, fonte de dedicação e, por causa disso mesmo, esses outros que são fontes do ideal do sujeito, na medida em que não existe separação entre eles, a única possibilidade que têm de viver o seu ser é destruindo esse Outro que é o seu ideal. Contudo, não se trata de promover a busca de uma condição de se por à altura do ideal, já que a encarnação num Outro priva o sujeito dessa realização.

Aquele que, num determinado momento, é eleito pelo psicótico como fonte de admiração e reconhecimento poderá se tornar, no momento seguinte, condição do seu ódio e causa de seu ato criminoso.

Com o analista podendo ser colocado nesse lugar de um Outro completo, teríamos a possibilidade do exercício da transferência e, ao mesmo tempo, a condição de destruição da própria transferência. Daí a necessidade de um manejo prevenido do analista em relação aos fenômenos transferenciais nas psicoses, desde que se considere que a prevenção aqui não é sinônima de recuo, tampouco de defesa. Até porque existem modalidades de transferência na psicose que não promovem a erotomania como única possibilidade.

Essa condição de colamento vai fazer que o problema da transferência na relação com o ideal seja inteiramente diferente do que se dá na clínica das neuroses, mas há também outro aspecto na dinâmica da transferência — para usar um termo freudiano — que precisamos considerar em termos de atualização do ódio.

Como lembrei no encontro passado, existe um problema em Freud em relação à teoria da transferência e sua relação com o ódio. Ele apresenta o ódio na via de uma condição negativa da transferência. A transferência negativa é o ódio e a transferência positiva, o amor. Contudo, o amor de transferência que encontra nele uma acepção positiva é diferente do amor de transferência que se apresenta como sinônimo de resistência.

Existem em Freud duas manifestações de amor na transferência. Essa condição de resistência do amor é o que vai fazer que o sujeito não só repita, revestindo o analista de figuras do passado, como também seja condição da resistência. Acontece que, ao atualizar essas figuras que deram constituição à posição fantasmática do sujeito, ele interrompe o discurso marcado pelo simbólico, já que o reinvestimento no analista de uma posição fantasmática encerra o discurso no eixo imaginário.

Por isso Freud dizia que a presença da resistência na transferência produz como consequência o silêncio do sujeito. Porque o sujeito vive uma relação em que o Outro se apresenta no mesmo estatuto em que ele vive — o imaginário. E o que se supõe é que pelo imaginário ele possa manter com o Outro uma relação em que a palavra é praticamente prescindível, já que toda relação que se constitui pelo fantasma é uma relação de tentativa de correspondência da suposição do que o Outro deseja. Nesse ponto a palavra é colocada de lado, na medida em que se supõe um encontro marcado pela plenitude de se manter ligado sem a divisão que a palavra engendra.

A transferência não é um lugar de encenação, mas sim de revivescência — o termo é de Freud, a ponto de tratá-la como sinônima de *playground*. Leiam *A dinâmica da transferência*. Ele usa o termo *playground,* já que, nessa concepção de transferência presente na primeira tópica, trata-se de visar que o sujeito se desvencilhe do apelo que o princípio do prazer promove. Consequentemente é uma concepção comprometida em levar o sujeito em direção à realidade. Graças a essa concepção se promove em Freud uma objeção às formas de atualização das condições de sustentação do sujeito no prazer, quais sejam: a religião e a ideologia, como sinônimas de filosofias de vida.

Como efeito dessa teoria da transferência, encontra-se uma solidariedade entre a psicanálise e a ciência, já que as duas visariam levar o sujeito a se desvencilhar dos encantos da ilusão. Tal vetorização da transferência assinala um efeito decisivo nas posições do sujeito a serem sustentadas no laço social, conferindo o caráter de extensão à intenção da experiência com um psicanalista. Em virtude dos desdobramentos possíveis da transferência em Freud encontramos condições de reafirmar o laço do sujeito com a política, como sustentação de uma posição inédita, pelo inconsciente, no laço com outros discursos. Em termos da função do psicanalista, essa articulação vai decidir por uma responsabilidade mais avançada. Porque, se a questão se coloca nos termos apresentados até agora, significa que o psicanalista está concernido ao acompanhamento de seu momento histórico, uma vez que os sujeitos que a ele se dirigem são marcados pelos efeitos de assujeitamento nos discursos de sua época.

Tal como mencionado temos uma tradição de inspiração psicológica, muitas vezes transmitida como sendo de rigor clínico, que faz questão de superpor experiência analítica com relato de caso clínico. A clínica psicanalítica não é um somatório de relatos de experiências de caso.

Se existe alguma seriedade na noção de inconsciente então não estaremos autorizados a afirmar que o caso clínico — aquele de que falamos — é o caso. Porque se o caso pudesse ser esgotado, tornado sinônimo do analisante sobre quem falamos, a psicanálise seria uma experiência objetivante.

Para que haja caso clínico são necessárias condições para isolar alguns elementos da dita experiência. Caso contrário perde-se de vista a necessidade de poder se interrogar sobre qual é, de fato, o valor e a efetividade dos relatos de casos no percurso de um psicanalista. Digo isso no sentido da formação do psicanalista e das ditas sessões clínicas que existem nas escolas e instituições de psicanálise; sessões clínicas essas que se propõem a convidar os psicanalistas a relatar suas experiências, e isso não deveria, no mínimo, ser tomado de forma tão natural assim, como se para um psicanalista o máximo fosse poder perder a sua inibição e contar a forma como ele dirige os tratamentos em público.

Temos aqui presentes algumas pessoas, com quem trabalhamos juntos essas questões, de quinze em quinze dias, num grupo reservado de discussão. A título de lembrete podemos recordar que, em Freud, encontramos um elemento que não é trivial, no sentido de resguardar a privacidade desde a nomeação dos casos clínicos. Quando ele nomeia o Homem dos Ratos, ele assim o faz através de uma fantasia. Quando nomeia Dora é através de um ato falho, e quando nomeia o Homem dos Lobos é através de um sonho. Considerando essas três nomeações: Homem dos Ratos, Dora e Homem dos Lobos — o ponto de incidência da leitura do caso, ou seja, o lugar a partir do qual Freud situa o sujeito é inteiramente diferente. Em um, o sujeito está definido por um sonho; no outro por um ato falho; e em outro por uma fantasia. Se há possibilidade de definir um sujeito por três referências diferentes é porque o caso envolve o relato de uma experiência que, pela transferência, permite isolar uma questão que compromete a posição subjetiva desde o fantasma.

Se não se dispõe de uma teoria da constituição do sujeito não há possibilidade de desdobrar a transferência nos seus efeitos simbólicos. Isso faz que o psicanalista não só esteja num lugar diferenciado, mas também que os efeitos de ódio sejam íntimos ao desdobramento pela transferência.

Sendo assim, o ódio é um efeito da presença do analista na medida em que a condição de sua presença se realiza pela ausência como morte do seu ego.

POSITIVIDADE DO ÓDIO

Qual é o problema que vivemos na nossa civilização, particularmente com relação aos ideais cristãos? É que não pode haver comparecimento do ódio. Aliás, Freud deixa isso claro no texto sobre o antissemitismo. O que havia de ser esperado de uma civilização cristã é justamente o que não se encontra nela. Porque é como se toda manifestação de ódio tivesse de ser transformada em amor. Desde aqui somos alertados pela transferência. Alertados para não realizar a conversão a base de intervenções forçadas do ódio em amor. Isso porque a nossa experiência nos confere a possibilidade de positivar o ódio como manifestação autêntica do sujeito em sua particularidade. Trata--se de um fechamento que, a depender do manejo, pode se tornar uma forma de abertura do sujeito ao Outro. O que não garante que não hajam fracassos, tampouco desastres.

Uma outra modalidade de recusa do ódio comparece através da racionalização dele, entendendo que essa racionalização é a colocação em exercício de uma empáfia. Tudo se passa como se o entendimento das causas permitisse dissolver seus efeitos. Posição que não deixa de estar presente em alguns manejos do psicanalista, que, sem se dar conta, potencializa o ódio, pela explicação do sentido. Isso porque, por um lado, o psicanalista apresenta a questão como sendo somente do analisante, deixando de lado que ela surge a partir de uma relação. Por outro, ele contribui para que o ódio não seja escutado nos elementos que o constituem e que, uma vez destacados, poderiam permitir ao sujeito se valer deles para uma mudança de posição. Se existem manejos do ódio que não permitem a sua articulação então é preciso considerar que ele haverá de retornar por fora da relação com o psicanalista como meio de dar expressão ao impasse que veio à tona.

Temos duas modalidades de apreensão do retorno do ódio, que são o *acting-out* e a passagem ao ato. Mas será preciso encontrar uma definição do que sejam esses dois fenômenos, porque o *acting-out* não é somente agir do lado de fora da transferência, já que ele, o *acting-out,* não deve ser tomado como sinônimo de "fora" da transferência, ou seja, o ato fora, o *acting-out*, o agindo fora. Precisamos interrogar sobre o que significa esse "fora". Por que o sujeito haverá, por exemplo, de fazer alguma coisa fora do discurso mantido com o analista e depois trazê-la para a relação com ele? Não se trata de considerá-lo um mal-intencionado. Esse "fora" situa, a um só tempo, a limitação estabelecida pelo sintoma, no sentido de restringir as possibilidades de elaboração pelo discurso, assim como indica um dos efeitos da resistência do psicanalista em lidar com o conflitos dirigidos a ele, promovendo um comparecimento forçado.

Quando lemos *A dinâmica da transferência* nota-se que Freud tem um limite que é típico desse momento inicial. Mantinha com o analisante um acordo para que determinadas decisões não fossem tomadas antes de serem comunicadas ao analista. Freud procurava garantir o empenho à simbolização como mais decisiva do que a atuação, como repetição. Fica evidente que considerava uma efetividade do simbólico. Ao mesmo tempo o empenho à simbolização procura manter uma relação necessária, pela transferência, entre o exterior e o interior, entre o *out* e o *in*.

ACTING-OUT, PASSAGEM AO ATO E ÓDIO

Se a transferência se desenrola como sinônima de atualização das experiências infantis do sujeito, projetadas sobre o analista, então tudo aquilo que não tiver sido comunicado participa da resistência do sujeito, como evitação à elaboração. Basta que possamos admitir a resistência como um fator constitutivo da transferência que poderemos assimilar o *acting-out* como uma questão que nos concerne, a despeito de manejos bem calculados. Em contrapartida, quando se maneja e se concebe a transferência numa direção que não a assimila por inteiro com a repetição do mesmo, o sentido do *acting-out* se altera, já que não se trata de uma resistência do sujeito à elaboração. Mais do que isso, ao considerar a questão do ódio, ele é posto em Outro lugar, e não dirigido ao analista, na medida em que a limitação do psicanalista em relação às manifestações de ódio se fazem presentes. Para além de determinações subjetivas que limitam a possibilidade de lidar com o ódio, me parece possível indicar que o tipo de experiência de queda do lugar ocupado durante a análise permite ao sujeito, no final, se valer da causa do desejo como forma de seguir adiante. Nesses termos, a presença possível do ódio haverá de encontrar condições de não consistir na mesma potência e duração de antes, uma vez que a imputação da causa do impasse ao Outro, é vivido agora como um avatar que participa do desejo.

O que Lacan nos ensina sobre o *acting-out*? Que o *acting-out* é um apelo do sujeito dirigido ao Outro. Na retomada que fez da jovem homossexual no Seminário da Angústia, ele diz que o *acting-out* se evidencia quando ela passa em frente ao escritório do seu pai na companhia da dama a quem ela se dedicava, ou seja, ela fazia questão de se dirigir ao pai nessa posição em que sustentava seu desejo ao lado de uma mulher. Essa provocação da jovem homossexual é um *acting-out*. Ela passava ali para ser vista.

Por outro lado, temos a passagem ao ato. Qual a diferença entre a passagem ao ato e o *acting-out*? Uma das diferenças decisivas é que a passagem ao ato, como o próprio termo indica, chega sem mediação pelo simbólico. É o sujeito, pelo real, que recolhemos aí, entendendo que tal condição retira o apoio na cadeia significante. Por isso mesmo se considera que a passagem ao ato seja um fenômeno que ocorre de maneira eletiva na perversão e na psicose. Em que ponto Lacan aponta a passagem ao ato no caso da jovem homossexual? Na hora em que ela pula na linha do trem. E ao estar quebrada já existe uma suspensão do Outro, atuada pelo sujeito diretamente sobre o corpo.

Essa passagem da jovem homossexual é importante para nós. Ela vai pular no momento em que cruza com o pai e ele dirige um olhar de ódio a ela. Mas o que explica que esse olhar de ódio promova nela essa tentativa de suicídio? Não existe nenhuma naturalidade no fato de que um olhar de ódio promova uma tentativa de suicídio, apenas se esse olhar reafirmar para aquele sujeito, esclarecendo naquele momento o lugar que ela possuía para esse pai. Ou seja, ela se identifica com esse lugar em que é colocada pelo olhar, o lugar da ejeção, do fora de consideração em relação ao desejo do pai.

Lacan trabalha essa passagem de forma inteiramente diferente de Freud. Freud vê nisso a condição de um parto, enquanto Lacan apreende, em última instância, o manejo da transferência de Freud. Porque o grande problema que o caso da jovem homossexual traz para nossa consideração é a identificação de Freud ao olhar do pai. O voto de ódio sustentado pelo analista é, nesse caso, exemplarmente ilustrado com ideais de salvação. Freud ejeta a jovem da transferência em nome dela poder vir a ser mais bem tratada por uma analista mulher. Ele e o pai se encontram identificados, uma vez que aos dois corresponde essa limitação de não poder se haver com a questão que a filha lhes endereça.

Na ocasião do Seminário sobre As Homossexualidades comentei o livro de Jean Allouch, *Sombra do teu cão*, que trata o consentimento de Freud em relação à homossexualidade de sua filha Anna, de forma a garantir a ausência de abalo em sua posição, a de Freud, na International Psychoanalytical Association

(IPA). Através do caso da jovem homossexual recolhemos os impasses que o apego ao lugar de pai promove na condução do tratamento, assim como na abordagem e na teorização das homossexualidades, ainda que Freud, diferentemente de Lacan, não considere o caso da jovem homossexual como perversão.

O problema da passagem ao ato nos interessa não somente para uma repartição eficiente de *acting-out* para neurose e passagem ao ato para perversão e psicose, mas deveríamos considerar, a partir do caso da jovem homossexual, que existe uma relação cujo estatuto precisa ser decidido a partir de cada manejo. No caso do manejo de Freud, o que fica estabelecido? Que existe uma relação entre a passagem ao ato e a (?) das questões do sujeito, pelo analista. E o que esse tipo de relação, em se tratando da leitura do caso da jovem homossexual, deixa também indicado? Que as passagens ao ato na transferência têm estreita relação com os preconceitos do analista. Preconceitos inconscientes.

Podemos ainda dar outro passo em relação a essa questão. Digo passagem ao ato e preconceitos inconscientes, porque Freud acreditava que estava fazendo um bom serviço indicando sua paciente para uma analista mulher. Temos a tendência de acreditar que os preconceitos são conscientes e reconhecíveis. Em nossa época, eles se tornaram sinônimo de tudo aquilo que o sujeito não deve mostrar, o chamado "politicamente correto". Abordando o tema das homossexualidades, mostrei que o "politicamente correto" invadiu as nossas comunidades a tal ponto que existem alguns temas que não são mais tratados, de maneira a não haver chance de nos incompatibilizarmos com as comunidades gays, que, por sua vez, têm no meio analítico uma ligação aconceitual. Mas se um preconceito não é só de natureza consciente, mas sim de natureza inconsciente, isso significa que o fundamento dos preconceitos inconscientes tem estreita relação com um tipo de posição que o psicanalista mantém com a diferença sexual. Porque, enfim, é por ter uma limitação em relação à homossexualidade feminina que Freud toma essa atitude. Essa questão, segundo penso, dizia respeito a uma posição em que o pai não privilegia mais a dinâmica do desejo e passa a se deter na preocupação de que as coisas andem segundo a sua vontade. Encontramos aí o ponto de não reconhecimento do desejo da filha pelo pai da jovem homossexual, já que a repartição dos interesses sexuais — homens para a mãe, mulheres para a filha, não é reconhecida, tampouco elaborada. Ponto esse que vai se ligar aos outros pontos que Freud fez questão que andassem somente segundo a sua própria vontade na IPA, aprovando a posição sexual da filha de maneira a conquistar a adesão às suas decisões políticas na instituição psicanalítica.

Aos poucos pode-se notar que a questão do ódio é bem mais complexa do que em geral se considera a partir da Psicanálise. E digo isso porque não deve ser desprezado certo ideal que atravessou e ainda comparece na comunidade analítica, e que diz respeito ao ser do analista. É muito claro que essa tradição procurava transmitir a imagem de um ser que não é afetável, menos ainda pelo ódio. Como se do alto de sua poltrona e do seu saber tudo fosse manejável. Temos aqui um problema sério porque, na perspectiva de conduzir a transferência sem lançar mão de explicações sobre a causa do ódio, somos levados a nos haver com ele, o que envolve um tempo, para depois começar a destacar os elementos significantes. Isso implica em ter de se colocar na referência de um laço com o analisante. Tal laço, que liga e separa, da mesma forma que o enlaçamento borromeano, assume diferentes significações mediante o tipo de posição sustentada nele. E, tal como o enlaçamento a que me refiri, ele é construído, trabalhado, não natural e dissimétrico. Um dos pontos que define essa dissimetria se refere à presença do silêncio do lado do psicanalista. Ocorre que esse silêncio, por não ser sinônimo de silenciamento, convida a fala do lado do analisante. Se me estendo sobre esse ponto é mesmo porque as manifestações de ódio na transferência suscitam o silêncio do analista como elemento que permite distinguir e destacar os pontos que suscitem elaboração. Portanto, é uma situação que introduz a necessidade de não assimilá-la como efeito de uma revivescência, tampouco como algo que não merece maiores considerações, e menos ainda como efeito de uma baixa tolerância à frustração. Vocês notam que insisto em retomar a tradição freudiana do sujeito pela transferência e o laço social. Nos primeiros textos dedicados à transferência, assim como nos últimos, apreendemos essa conexão entre a clínica e política do psicanalista. Por isso mesmo é necessário indicar o sentido do que nomeamos como clínica, para esclarecer uma política que lhe seja coextensiva. Consideremos que a clínica psicanalítica não é sinônimo de cura dos sintomas, e essa é sua diferença primeira com relação à clínica médica. Se quiséssemos obter uma definição mais balizada, poderíamos afirmar: a clínica psicanalítica se distingue da clínica médica porque ela não pretende a eliminação dos sintomas, a eliminação do mal-estar — o que significa que a clínica psicanalítica situa a clínica médica no lugar do *discurso do mestre*.

Jacques Lacan vai estabelecer uma relação de avessamento entre o discurso do mestre e o discurso analítico. Daí o título do Seminário 17 de Lacan: "O avesso da Psicanálise". Ou ainda, nos termos que importa destacar aqui, o discurso médico é o avesso do discurso do analista. A clínica médica, como discurso do mestre, aborda o sujeito do desejo, mantendo-o recalcado; não é a divisão daquele que fala o que interessa para apreender o sentido do sintoma. Sendo assim, como é que o mal-estar se define pela clínica médica? Ele se define através da tradução dos sinais da doença que são lidos como um saber pré-construído de validade universal.

O que é dominante na clínica psicanalítica? O sujeito do inconsciente e a causa do desejo. Quando Jacques Lacan escreve o discurso do analista, o que fica destacado? A causa do desejo e o sujeito do desejo, por isso encontramos nos numeradores do discurso analítico *a* e $, e nos denominadores do discurso do mestre vocês têm *a* e $ — o que está em evidência em um, está recalcado no outro. É essa a condição de efetividade e de limitação de cada um desses discursos, o que implica afirmar que a clínica psicanalítica se estrutura pelo negativo da clínica médica. Daí que o psicanalista não se detém no sentido do sintoma a partir de um saber já constituído. Para essa práxis todo sintoma é sobredeterminado e a condição do sujeito apresentar o mal--estar implica na significação a ser criada a partir das associações. Essa significação que o sujeito dá ao sintoma está determinada pela sua posição no fantasma, ou seja, o sintoma é a condição de apresentação do sujeito, na transferência.

Freud alertou diversas vezes para esse *furor curandis* de acreditar que o trabalho da clínica psicanalítica fosse o de se deter no sentido dos sintomas. Isso é abordado na conferência que tem o mesmo título: O sentido dos sintomas. Lá ele procura mostrar o caráter recalcado do sentido, como face velada do sintoma. Aquilo que é apresentado como sentido do mal-estar, sentido de sofrimento, é a face não velada do sintoma, e aquilo que vai interessar ao psicanalista é poder fazer que esse sintoma fale, que o sujeito dê voz a seu mal-estar. Significa que o sujeito associe e, assim, produza significações outras para esse sintoma. Essa condição de associação é inteiramente prescindível na clínica médica, já que não se trata de associação "pelo sintoma", mas de, pelo sintoma, apreender a história de um sujeito de forma a encontrar um número suficiente de sinais que garantam a efetividade do diagnóstico e da terapêutica a ser aplicada.

Se a clínica psicanalítica não é sinônimo de cura de sintomas, isso coloca um certo problema em relação ao entendimento dela.

Porque, rigorosamente, deveríamos partir do princípio de que, em primeiro lugar, a clínica psicanalítica não se estrutura entre duas pessoas, ainda que no campo referencial, no vivido da experiência, haja duas pessoas. Se o psicanalista não responde desse lugar de pessoa, a clínica psicanalítica se sustenta e se estrutura pela ausência do referente do lado do analista, o que remete à impossibilidade de universalização das capacitações para quem decide ocupar esse lugar. Há ali uma pessoa, mas não uma pessoa no sentido de que ele responda como pessoa. Em contrapartida, também não existe pessoa do lado do analisante. Por quê? Porque o analisante traz um recorte da sua presença para o analista. E de que recorte se trata? Ele fala pelos sintomas. Tanto é assim que há uma série de outras coisas na vida dele que sequer são comentadas com o analista. O que distingue a fala do analisante é que ele tende a privilegiar aquilo que se repete e não encontra solução, condição de seu sofrimento. Então, essa suposição de que existe uma pessoa do lado analisante é caduca, tanto é assim que muitas vezes acontece de o analista — devido a algumas relações de proximidade que mantém com seus analisantes na comunidade analítica ou fora dela — se surpreender com o que aquele analisante realiza de forma inteiramente Outra. E isso acontece assim porque, ao não privilegiar a totalidade, ou seja, a pessoa, o analisante pode comparecer segundo sua condição de sujeito dividido.

Se a clínica psicanalítica não se estrutura pelo lado do referente, isso impõe a necessidade de estruturar a prática psicanalítica através daquilo que são os princípios freudianos mais elementares da regra fundamental da psicanálise. Há uma disparidade de funções que deve ser preservada. Por isso mesmo, o silêncio deve estar do lado do analista, e a fala do lado do analisante.

Por que é preciso considerar essa insistência para que a fala venha pelo analisante? Porque existem sintomas que emudecem o sujeito. Classicamente, um deles, característico dos nossos tempos, é a depressão. A depressão emudece o sujeito. A começar por essa identificação facilitada que o deprimido encontra nos dias de hoje; fazendo dela, depressão, sinônima de nome próprio. Emudecimento que reúne, a um só tempo, demissão do sujeito e discurso da ciência.

É preciso notar que não existe unidade da clínica no sentido freudiano. Aquela que comparece ligada com a primeira tópica, por exemplo, não é igual a da segunda tópica, na medida em que os conceitos e a dinâmica de inconsciente e de sexualidade modificam.

Sabe-se que até determinado momento da obra de Freud havia uma tendência de aproximação da sexualidade com a genitalidade, ainda que os primeiros textos como "A interpretação dos sonhos" situem o desejo sexual pelo complexo de Édipo.

O Dizer Vão e a Experiência do Fim

Valendo-me de uma proposição de Lacan, em 1977, encontrada na "Abertura da sessão clínica[1] de Vincennes", vou propor uma definição de clínica psicanalítica. Esse texto tem toda a importância, porque nele existem sete definições dela. É o também o texto em que, sob a forma de resposta a Marcel Czermak, Lacan vai afirmar que nas psicoses existem S1, S2, a e $\math$ mostrando a composição dos quatro termos considerados presentes apenas nas neuroses. Nesse texto vamos encontrar que a clínica psicanalítica é a clínica do *dire-vent*, "dizer vão", do "dizer em vão", mas esse dizer vão, do dizer em vão, vindo pelo

---

[1] "Ouverture de la Section Clinique de Vincennes", 5 jan. 1977. *Ornicar*, n. 9, pp. 7-14.

francês, pela possibilidade de juntar o "vão" e o "vento" em *dire--vent*, traz o dizer com o divã [*divan*], o dizer que veio pelo vento e que vem pelo divã. O dizer que vem pelo vão das palavras, pelo vento do discurso que mexe o divã.

Lacan dá uma definição para a clínica psicanalítica a partir desse dizer vão, desse dizer que vem pelo vento do divã. A clínica psicanalítica, ele diz, "é o que se diz numa psicanálise". Quando lança esse *dire-vent*, é para mostrar que o dizer vem pelo divã e que há uma diferença entre o dizer e o dito. Aquilo que é dito é o conjunto dos enunciados que são articulados no discurso, e o dizer é aquilo que se produz pelo vão das palavras, pela divisão do sujeito, pela presença inédita do significante.

Se a clínica psicanalítica é "o que se diz numa psicanálise"; e se considera o final dessa frase, então existe "uma psicanálise", e essa "uma psicanálise" é a experiência terminável, finita, de uma análise, que se distingue de Freud, porque para ele a psicanálise era finita e infinita, terminável e interminável.

A partir da sugestão freudiana presente em "Análise terminável e interminável", entende-se que o analista deveria retomar sua análise de cinco em cinco anos. Acontece que admitir isso é estar de acordo com o fato de que a análise não termina, ainda que a título de renovação da experiência.

Há um problema emque não vou entrar hoje, mas alerto sobre ele. Na tradução brasileira da Imago, Freud não diz que o psicanalista precisa retomar a sua análise. Ocorre que aquilo que ele afirmou é que o psicanalista precisa retomar a sua relação com a Psicanálise. É diferente. Não tenho condição de entrar nas consequências dessa falha na tradução, mas faço questão de deixar indicada. Se existe uma análise que termina, o que é então esse fim da análise em termos freudianos? É poder se valer do Pai na sua função simbólica, como representante da Lei da castração. O que significa esse "se valer do Pai na função simbólica"?

Significa poder abrir mão de escolhas de objeto marcadas pelo gozo incestuoso e realizar substituições simbólicas que permitam uma Outra posição.

A eficácia da função simbólica seria, para Freud, responsável pela criação de uma nova subjetividade. Por isso mesmo ele sempre fez questão de afirmar que havia cura para as neuroses. Mas sabemos que pode haver função simbólica, pode haver substituição, e o objeto se repetir no seu fundo fantasmático. Então, o sujeito não quer casar com a mãe, mas vai casar com outra, e basta conversar dez minutos para saber que ela é a atualização da presença da mãe. Da mesma forma, o marido que vai substituir nas mulheres o investimento paterno vai ser nada mais que um retorno do pai que, por sua vez, tinha para Freud como pano de fundo a presença da mãe. É por isso que nas relações de casamentos freudianamente definidas o que vai se constituir como forma de fantasma é o retorno da relação com a mãe. Assim, uma análise bem conduzida destacaria essa posição fantasmática do sujeito levando a elaborar a partir dos conflitos com o marido, a relação com a mãe.

Acontece que sabemos que essa função simbólica não tem a efetividade que Freud acredita. Primeiro porque ela não se apresenta isoladamente. Ela comparece pelo discurso da mãe, e o que podemos notar dessa presença do pai no discurso da mãe é que há uma tendência ao encobrimento da função simbólica, em benefício do empuxo falicizante que é constitutivo do desejo dela. O fato de existir a possibilidade de, pela condição simbólica do desejo da mãe, haver limite em relação às demandas da criança não significa que isso tenha efetividade o tempo todo.

Não dizer "não" é muito mais cativante do que o poder diferenciante. Daí o poder cativante da imagem narcísica, o que mostra que a função simbólica que Freud apresentava no horizonte como solução das neuroses merece ser interrogada, principalmente porque o nosso momento histórico é a prova em ato da falência dessa função. Se é possível considerar o fim da experiência analítica levando em consideração o limite da função simbólica e se isso não é tão garantidor assim, antes ainda de colocar uma instância terceira como decisiva para solução dos conflitos, o que nos interessa sobre o problema relativo no final da análise é poder se perguntar sobre o destino da pulsão, ou seja, a relação desejo/gozo, tal como anunciada por Lacan no Seminário 11.

Essa interrogação sobre o final da análise tem outro desdobramento, pois perguntar por isso é da mesma ordem de se interrogar sobre como o sujeito lida com as demandas a partir do final da análise. Por que tal pergunta? Mas por que a questão da pulsão é a que importa ser destacada? Por um lado, para começar a tratar de algo que muito rapidamente caiu sob o crivo da banalização.

Se podemos dizer que está implicada na questão do final de análise a relação do sujeito com a demanda do Outro é porque interessa esclarecer qual o tipo de destino dado pelo sujeito às suas identificações constitutivas. Tais identificações são aquelas que o mantinham na relação com o Outro numa posição desde o fantasma, ou seja, a demanda como fonte de gozo para o Outro, já que o sujeito supunha que se colocando em determinada posição ele se manteria amado pelo Outro. Por isso mesmo há procedência em afirmar a existência de uma vetorização da análise, que vai do amor ao desejo. Em virtude disso o ódio adquire um interesse renovado para nós, já que ele é uma forma de ligação incondicional ao Outro. Como se diz, aquele que odeia não para de pensar no Outro, não para de buscar a melhor maneira de acabar com ele, de se vingar etc. Por causa disso mesmo é que pude afirmar que não apenas o amor, mas também o ódio, é uma forma de ligação extrema. Acontece que, quando tratamos o ódio como a contraface do amor, é como se em toda manifestação de ódio encontrássemos no fundo um amor reprimido que não pode ser reconhecido. E que a única coisa que falta é que o sujeito possa admitir o amor ao Outro. Não, amor e ódio estão ligados naquele ponto preciso em que o que é visado pela vida, em última instância, é a destruição. Seja destruição de todo e qualquer limite que emprega uma ligação sem fronteiras, seja destruição do Outro, ora para eliminá-lo, ora para se ligar a ele pela morte.

Quando apresentei a necessidade de articular o tema do final da análise como forma de dar desdobramento à questão do ódio, não é somente com a finalidade de lançar algum enunciado que permitisse estabelecer um termo esclarecedor desse momento. É preciso articular o tema do final da análise, porque, em virtude das diferentes mudanças que vão sendo conquistadas pelo sujeito, o estatuto do Outro se modifica, o que implica que a experiência com o ódio também se altera. A título de facilitar o trabalho de investigação podemos reconhecer o ódio presente na conjunção do imaginário com o real, entendendo que o ódio suscitado pela presença do real faz uma fenda, uma rachadura na consistência da imagem. Desde então, fica evidente que o ódio, considerado nesses termos, produz efeitos à altura dessa ruptura da unidade. Mas, como disse antes, o sujeito avançado em suas elaborações pela análise já não vai precisar insistir tanto como antes na convicção de si mesmo. Sendo assim, a partir da consideração desses avanços podemos dizer que há um ódio que se expressa pelo simbólico, entendendo que se trata de uma reação do sujeito que mostra já não tanto uma rachadura da sua unidade, mas, sim, um esvaziamento das suas expectativas. E essa expressão do ódio já não é mais, como no caso imaginário, geradora de fantasias de destruição, tampouco de manifestações de rivalidade como quando a criança identifica o pai no lugar de polo imantador do desejo da mãe. Pelo simbólico, o sujeito poderá expressar seu ódio por palavras, xingamentos etc., o que facilita a perda de sua potência. Quando se trata de articular o ódio pelo real, tal como recolhemos na passagem ao ato, já se trata de uma presença do sujeito sem mediação, que não passa pela fantasia de destruição, tampouco pelo xingamento. A dominante agora é a destruição do Outro, ainda que possa ser positivado como recurso de separação, como nas irmãs Papin: o problema é a colocação da existência em causa, pelo crime. Ressaltei que essa forma de apresentação do ódio pelo imaginário, pelo simbólico e pelo real não deve ser apreendida sem alteração, até porque, considerando a ligação entre real, simbólico e imaginário, vai sempre ficar na dependência do termo que enlaça os três e define uma posição para o sujeito.

Antígona, Ódio e Desejo

Em um de nossos encontros citei a frase de Antígona no diálogo com sua irmã Ismênia: "Não sou movida pelo amor, mas sim pelo ódio". Fica evidenciado que o ódio pode assumir a condição de causa para um sujeito, o que reafirma a condição positiva a que tenho me referido capaz de ser atribuída ao ódio. Nesse caso o ódio é uma forma de fazer constar uma rachadura na proibição decretada por Creonte privando Polinice dos rituais fúnebres.

Não é surpreendente que Lacan vá fazer de Antígona, personagem movida pelo ódio, paradigma do desejo? E mais, a indique como encarnação do que habita em cada um de nós? Não temos aí a evidência incontestável da ligação entre o ódio e o desejo, e não somente tal como estamos acostumados, entre ódio e amor? O ódio realiza nesse caso uma função eminente. Isso porque proibir o sepultamento do irmão de Antígona, tal como decretado por Creonte, vai além do sentido corrente das sanções. Impedir o sepultamento é sinônimo de degradar à condição de animal: desonra e abjeção reunidas. O ódio de Antígona é a reação que se contrapõe à retirada dos direitos que cada ser humano possui, mesmo quando morto. Ele cumpre a função de restituir o direito à humanidade que foi usurpada por Creonte. Através de Antígona, podemos reconhecer que o ódio restitui a humanidade, chamando o direito ao simbólico dos rituais.

Antígona dá sustentação ao desejo, na medida em que ela faz constar essa Outra lei, que não se confunde com a lei do tirano. Lei Outra essa que é universal já que é linguagem. Por isso mesmo, tal como afirmado por ela, não há mortal, rei ou soberano que possa adulterá-la, negando que um ser falante pudesse não receber os ritos aos quais tem direito como filho pela linguagem. Antígona é a encarnação do ódio que permite sustentar o desejo.

Manhã de 28 de junho de 2008

Quarta Reunião

PERGUNTAS, DÚVIDAS E ESCLARECIMENTOS

Pergunta sobre o ódio no final da análise.

Resposta: O que a análise proporciona, uma vez que ela avance no sentido do término, é permitir ao sujeito experimentar o ódio desde uma posição que não seja de conservar a unidade da imagem pelo fantasma. O que conduz é o que se espera, a uma atitude que não compartilhe da vingança e da destruição no real, mas sim que ele possa se posicionar pelas palavras, ainda que cortantes e não coincidentes às expectativas. Entendendo-se que é o que se espera, mas existem sempre as contingências, o que pode levar a uma reação inesperada. Não há previsibilidade dos atos.

Pergunta sobre a distinção entre o ódio imaginário e o ódio simbólico.

Resposta: A posição de Antígona me parece esclarecedora a esse respeito. Ela faz exceção, gera rachadura na proibição de Creonte. Assim, ela comparece como elemento real que barra, que impede o fechamento pelo Um que ele representa como dimensão tirânica. Ao ser abalado na suposição imaginária de obediência plena aos seus ditames, ele reage com o fim de destruí-la, levando-a ao túmulo. Em contrapartida, ao sustentar uma posição que faz constar Outra lei, a da castração, ela faz comparecer o ódio, pelo simbólico. Para tanto ela se vale de um discurso atordoante para quem o lê, tão atordoante quanto sua voz que se faz escutar mesmo depois de enterrada.

Pergunta (precedida de um comentário) referente à passagem ao ato.

Resposta: Esse apagamento ao qual Lacan se refere diz respeito a não haver possibilidade de sustentar esse ato de outra forma que não seja atuando, ou seja, passando ao ato, e não pela elaboração. Por essa razão é ilustrativa a passagem no caso da jovem homossexual, em que não há tempo para que ela se dê conta daquilo que causa o seu ato. Na passagem ao ato ela retira o Outro do circuito, passando diretamente sem condição de elaboração, comprometendo seu corpo e sua vida. De fato, ela se ejeta da cadeia significante e cai no real da linha do trem.

Pergunta sobre desejar o que quer *versus* querer o que deseja.

Resposta: *Eu desejo o que quero* ou *quero o que eu desejo?* Sim, há uma diferença. Eu desejar o que quero é uma posição de alienação na demanda, enquanto querer o que se deseja é uma posição de compromisso com o desejo através da demanda.

Pergunta sobre a relação entre ódio e posição regressiva.

Resposta: Esse é o ponto de sustentação da teoria clássica. Procurei retomá-la a partir da concepção de interpretação na transferência. Se se considera a manifestação de ódio como baixa tolerância do sujeito à frustração é porque se acredita que a baixa tolerância é efeito de uma posição regredida. Por causa disso, o sujeito agride em vez de assimilar isso que é a diferença que vem do Outro. Nesse ponto, a teoria é redutora, porque parte do princípio de que haveria possibilidade de assimilar o ódio sem qualquer efeito de rechaço, enquanto se sabe que o ódio não é assimilado naturalmente. Ao contrário, ele é um efeito necessário de todo sujeito estruturado pelo sentido. Por isso é um engano imaginar que exista um sujeito que teria uma frustração à altura, de forma a poder lidar com o ódio de maneira exitosa.

***

Vou realizar um desenvolvimento de maneira a tocar nas questões que foram apresentadas, e se isso não estiver contemplando as dúvidas, no final retomamos.

Quando afirmei que uma das dificuldades em relação à clínica psicanalítica é poder distingui-la da clínica médica, minha referência era o discurso do mestre, porque é necessário sustentar o tipo de modalidade do impossível presente na clínica do psicanalista e sua distinção com o impossível presente no discurso do mestre. E qual é a modalidade do impossível presente no discurso do mestre? É um tipo de impossível que tende a desaparecer. Exemplo disso: a promessa sempre renovada da ciência e do discurso médico sobre a iminência da descoberta da cura do câncer. Ainda não se tem, mas daqui a pouco vai se encontrar, e para encontrá-la é necessário introduzir as condições de desaparecimento do sujeito. Quanto mais as promessas do discurso do mestre caminham nessa direção do impossível, no sentido de desaparecimento dele, mais se dá a eliminação do sujeito, e é por isso que quanto mais se anunciam esses possíveis êxitos da ciência, mais vamos entrando em níveis microscópicos do organismo. Nesse sentido a ciência tende ao nível molecular. Isso produz consequência positiva? Produz, mas também produz o engodo que é o de acreditar que quanto mais avançarmos nessa direção compartilhando contribuições genéticas, biológicas, neuroanatômicas, fisiológicas, mais poderemos dar conta da questão do sujeito. Não há nenhuma relação entre uma coisa e outra.

Pergunta/comentário sobre a sustentação de presença de sujeito nesse nível.

Resposta: Não há como sustentar presença de sujeito nesses níveis porque neles o que conta não é a subjetividade, mas sim os elementos químicos que compõem o organismo. Ou operamos num discurso que trata das composições químicas ou se opera num outro cuja abordagem se faz pela dimensão significante, e a causa do desejo. Não há homologia entre a divisão do sujeito e os intervalos entre os neurotransmissores.

Comentário sobre os efeitos do discurso científico.

Resposta: Existe uma diferença que é preciso considerar: uma coisa é a atividade científica, outra coisa é o discurso científico. A atividade científica é a pesquisa de laboratório e o discurso científico é o fato de, havendo pesquisa no laboratório, como isso repercute no meio social — e é de fato o que repercute no meio social, ou seja, a promessa de haver cura, de maneira a produzir um público consumidor que passa a orientar a subjetividade. Em contrapartida, o impossível presente no discurso analítico não é da mesma ordem desse impossível no sentido da desaparição; já que ele, o impossível do discurso analítico, se refere ao impossível do simbólico recobrir o real. Não há como prometer, tampouco cumprir com a desaparição do real. Portanto, quando o sujeito vem nos consultar, não podemos, por exemplo, dizer que garantimos que ele vai sair melhor, porque ele pode sair pior. Poder sair pior do que entrou, pode se constituir na condição de êxito da análise. Afinal a sustentação de alguns padrões de conduta que caracterizam a vida de muitos não se encontram diretamente ligados à condição de não conseguir por um limite no gozo parental?

Comentário sobre triunfo e fracasso na clínica psicanalítica.

Freud aborda essa questão a partir do sentimento de culpa, naquele texto sobre a psicologia do amor, dos sujeitos que fracassam quando triunfam. Eles fracassam em virtude do sentimento de culpa, por não poderem sustentar uma realização, estão privados pelo supereu. Existe outra possibilidade de fracassar que é positiva na articulação da clínica psicanalítica. É o que se encontra no texto "Abertura da sessão clínica", em que Lacan afirma que a clínica psicanalítica é o real enquanto impossível de suportar. Uma vez que existe o impossível de ser suportado na clínica psicanalítica, esse impossível é a impossibilidade de haver uma solução que porte um caráter universal.

Para articular isso é preciso tratar a clínica psicanalítica numa direção não somente avessa ao discurso do mestre, mas que também participe de uma estruturação comum à apresentação de pacientes, e produza uma política da psicanálise.

Para que se possa ter uma ideia disso pretendia desenvolver, ainda neste ano, um encontro de trabalho como o que estamos fazendo agora, de maneira a situar a relação da clínica psicanalítica com a apresentação de pacientes. E isso para mostrar que existe uma afinidade íntima da clínica psicanalítica com as psicoses.

Clínica Psicanalítica e Apresentação de Pacientes

A apresentação de pacientes distingue a clínica psicanalítica tal como Lacan se distingue de outros psicanalistas. Distingue por quê? Não somente porque a apresentação de pacientes não é para ele uma repetição, não é uma continuação da experiência de Freud ao assistir Charcot, mas porque existe, pela apresentação de pacientes, uma assimilação da verdade do psicótico no conjunto dos seminários, no conjunto das elaborações que fundamentam a clínica psicanalítica.

Um entre os diferentes exemplos encontra-se no capítulo do Seminário das Psicoses, no qual Lacan trabalha um delírio a dois, intitulado "Eu venho do salsicheiro".

Para se ter uma ideia disso, vejamos o que existe na obra de Lacan em diferença com a de Freud. O mestre vienense participou das apresentações de pacientes de Charcot. Ele as assistiu, mas não existe uma inclusão dessas apresentações como experiência com a apresentação de pacientes na obra freudiana. Existem menções a elas, mas como forma de Freud revelar a admiração que tinha por Charcot. Acrescente-se a isso que Charcot se restringiu à apresentação de pacientes histéricas, enquanto Lacan privilegiava a apresentação de pacientes psicóticos.

Retomando a passagem do Seminário das psicoses, em um primeiro momento houve o encontro com a paciente na Apresentação. No segundo tempo isso é incluído como transmissível pelo seminário. No terceiro tempo é levado para um Outro público, que já não é mais o mesmo do seminário, alguns dos quais presentes na Apresentação. Agora, nesse terceiro tempo se trata do público, pela publicação.

Se uma experiência de encontro com o psicótico vai promover, no seu desdobramento, uma passagem ao público, pela publicação, isso não se constitui somente porque o Seminário foi editado e vendido. Desde o primeiro momento há uma presença do público que vai acompanhar, nos tempos subsequentes, sua função de fazer valer o lugar terceiro tal como Freud nos ensina nos chistes, ou seja, como sanção da verdade. Nesse sentido, a função do público não mantém mais semelhança com o da Psiquiatria, já que nessa última se trata de olhar para aprender, ver para confirmar o saber pré-construído. Por isso mesmo, a apresentação de pacientes merece ser tomada como uma reinvenção da clínica psicanalítica, e que produz, desde um Outro lugar, que não é mais o do consultório, uma política a partir das psicoses; política essa que promove a possibilidade de, pela escuta do inconsciente, outras modalidades de relação com o paciente, que vão desde a maneira de abordá-lo na instituição psiquiátrica até a retomada do sentido proposto no tratamento.

O que muitas vezes se deixa de notar é que o dito laço social que o psicótico pode construir se encontra na dependência de nossa presença. No que se refere à apresentação de pacientes, é preciso que o psicanalista vá até lá, que construa as condições para que o lugar de fala desse sujeito possa se manter, ser reconhecida e transmitida nos seus diferentes efeitos. Ocorre que um psicanalista não faz isso porque considera que o psicótico precisa. Não, ele assim o faz porque é dessa forma que ele reinventa sua posição na Psicanálise, reinventando-se na sua função. E isso acontece não porque Lacan afirmou que cada psicanalista precisa reinventar a Psicanálise, tampouco, e menos ainda, porque pode trazer avanços para a instituição que frequenta como membro. Reinventar implica em ter de se haver com a presença do real que habita a sua práxis. Portanto, é dessa forma que ele procura estar à altura da responsabilidade que é íntima ao seu campo. Insistir nessa direção é por em prática uma política pela Psicanálise. Significa admitir que a política, nesse sentido, não tem como meta o estabelecimento de mudanças que visam a pólis no seu conjunto. Portanto ela conserva o princípio de não se confundir com uma filosofia de vida, ao mesmo tempo que depende de alguns outros para se efetivar.

POLÍTICA PELA PSICANÁLISE E ALGUNS OUTROS

Como entender esse "alguns outros" que Lacan inclui como parte integrante da autorização do psicanalista ao afirmar: "O psicanalista só se autoriza dele mesmo, e alguns outros"? Em primeiro lugar "alguns outros" estabelece uma separação, uma escolha, caso contrário teria sido escrito — outros. Em segundo lugar esses "alguns outros" que participam da política pela psicanálise, são todos eles psicanalistas? Caso esse "alguns outros" fosse constituído somente por psicanalistas, a política desde a Psicanálise se confundiria com uma política para alguns psicanalistas. É a posição em que muitos psicanalistas se envolvem ao acreditar que a instituição psicanalítica, seja ela uma escola ou não, é um lugar reservado somente a psicanalistas. E que, a partir disso, uma verdadeira política pode ser colocada em prática para esse conjunto de alguns, não de "alguns outros", em função do que sustentam como laço. Um dos limites típicos dessa posição é recolhido na crença da existência de um objeto determinado, que é o psicanalista. A constituição dessa crença é geradora de uma exclusão fundadora. Do lado de dentro existem os psicanalistas com sua política, do lado de fora existem os outros com suas respectivas políticas que não mantêm mais qualquer parentesco com a Psicanálise.

Essa política praticada por alguns, que compartilham de uma definição, produz como consequência a conquista de um ser, uma identidade. Do ser em falta, comum a todos, ao ser psicanalista, uma política se introduz como garantia de conquista da unidade. Ela padece de não poder incluir o caráter ilusório na imagem unificada. A tal ponto isso se afirma como verdadeiro que tais psicanalistas têm como sintoma a realização de leituras repetitivas do mundo a sua volta, pelo que acreditam ser a chave da Psicanálise. O que há de sintomático nisso é a condição que imprimem de o mundo ter de se dobrar às verdades da Psicanálise. Não é necessário avançar tanto para constatar que tal política se baseia na ideia de que a função da Psicanálise é a de esclarecer, de lançar luzes, apresentar verdades. Política do ser que, pelo saber, liberta. Política do Pai. Política freudiana que atesta seus limites ao identificar a cura com a eliminação dos sintomas, encontrando nas psicoses sua condição de fracasso; o que decide por uma valorização extremada da intervenção medicamentosa junto a essas últimas, já que nelas o Pai não cumpre sua função e a palavra subverte as leis que a regulam.

O sentido da política que vem pela Psicanálise se modifica quando se considera que o "alguns outros", que participam da autorização do psicanalista, não é composto somente por psicanalistas. Daí a importância decisiva que o conceito de não analista ocupa na obra de Lacan, no tocante à escola, como termo que decide pela composição de uma outra estrutura. Sabemos da advertência feita por ele, que o não analista não é o não analisado, mas sim aquele que optou em não ocupar o lugar do psicanalista. É essa não opção que o qualifica em relação a uma aposta no desejo. Desejo esse que o orienta em outra direção, ao mesmo tempo que é capaz, pela experiência com a Psicanálise, reconhecer o papel decisivo que ela é capaz de promover em uma existência. O não analista é, nessa referência, aquele que participa do "alguns outros" como mais um que transfere com as iniciativas de reinvenção da Psicanálise, causa de sua política. A depender do lugar em que essas iniciativas se constituem, o não analista poderá ser o não analisado. Mas, uma vez que ele se liga, com outros analistas ou não, pela transferência que o trabalho de reinvenção promove, ele participa e contribui para que uma política pela Psicanálise seja possível. Entendendo que o possível da política pela Psicanálise é portador de um impossível, qual seja, aquele que se encontra ligado ao ato de reinvenção que cada psicanalista produz e não tem como se repetir por outros, daí a singularidade do estilo.

A política que vem pela Psicanálise como efeito de reinvenção de um psicanalista é marcada por uma temporalidade própria ao acontecimento e conta, tal como na apresentação de pacientes, com a insistência dos envolvidos para levar adiante seus efeitos.

O que significa que a política pela Psicanálise mantém a perda e o fracasso como íntimos, uma vez que o envolvimento com ela se encontra marcado pelo desejo.

Pode-se notar que a política do psicanalista, como política da Psicanálise, é coextensiva a sua autorização, na medida em que não depende da garantia e do reconhecimento para se realizar. Ao contrário, alguns outros passam a ter existência e lugar, pela reinvenção. E assim acontece porque o laço que os liga não depende da identificação, tampouco da filiação, mas sim da causação pelo desejo que a reinvenção transmite. A acepção da política do psicanalista se diferencia do tratamento habitual que a política recebe. Nesse último caso ela se define pelo para todos, enquanto que, na primeira, por alguns outros.

LACAN E AS POLÍTICAS

Nos diferentes momentos em que Lacan falou sobre política procurou ressaltar essa diferenciação. No Seminário 2, quando retoma o diálogo do Menon, a partir da duplicação do lado do quadrado, ele afirma que "o psicanalista é o bom político". E o que é ser o bom político? Ele responde: "é fazer a interpretação no momento certo".

Existe uma articulação, em geral mais conhecida, em que a política aparece ligada com a estratégia e a tática. No texto *A direção do tratamento e os princípios do seu poder* são apresentados os três pagamentos próprios à função do analista. No tocante a política, ele paga com o que existe de mais íntimo, ou seja, o seu ser. E ele assim o faz na medida em que os julgamentos próprios ao seu ser de sujeito encontram-se fora de operação. Ele conta pela presença, em alternância com a ausência, e não mais pela sua pessoa.

Sabe-se que Lacan se baseou no livro Clausewittz, *Da guerra*, de onde extraiu articulações sobre tática, estratégia e política, a título das batalhas. Somente no início dos anos de 1990 as teses desse clássico foram retomadas pelo historiador inglês que escreveu *Uma história da guerra*. Uma das afirmações princeps do livro de Clausewitz é a de que "a guerra é a continuação da política".

Então, se a guerra é uma extensão da política, abordar esses três elementos da forma como Lacan propõe na sustentação do tratamento significa que, dependendo da maneira como o psicanalista se coloca, a possibilidade de se encaminhar para a guerra se acentuará ou não. No entanto, a guerra não deve ser encarada apenas como um desastre. Desde Freud, ela é íntima ao aparelho psíquico. Não faltam metáforas sobre ela na obra do fundador. Por exemplo, as instâncias nomeadas por ele estão em constante conflito. A ideia de invasão é também presente. No texto "Observações sobre o amor transferencial" ele chega a propor a importância de colocar as rédeas da transferência no sujeito. O que nos adverte, ecoando seus princípios, quanto à impossibilidade da paz.

Uma outra acepção da política se encontra presente no Seminário "De um Outro ao outro", em que Lacan afirma que "o inconsciente é a política". Temos aqui uma diferença com o texto de 1958. Há uma dominância da política, entendendo-se que ela pode ser apreendida como sinônima de gozo. Não somente há um gozo da palavra, mas existem também condições de gozo que o sintoma determina, seja em versão do sujeito como história individual, seja no sentido dos agenciamentos discursivos que definem as diferentes possibilidades de laço social. Consideremos também que o ódio como fator político é uma forma de gozo.

Nessa direção, o ódio ao judeu, próprio ao antissemitismo, participa de uma montagem na qual a suposição de um gozo absoluto, como consecução de uma raça ariana pura, se encontra na dependência do extermínio daqueles que conservaram e conservam suas tradições de forma privilegiada.

O delírio de Hitler estava em achar que havia um ariano puro que não sofreu a influência de ninguém. Tanto é que um dos problemas da política hitlerista surgiu quando começaram a descobrir que havia mistura do povo judeu com o povo alemão, os chamados judeus alemães.

Há um outro tipo de consequências na formulação de Lacan relativa a "o inconsciente é a política". Essa outra consequência acentua a responsabilidade do psicanalista. Isso porque o princípio de sua práxis não se limita a realizar de forma eficiente os três pagamentos, que não são poucos nem pequenos, na sustentação de sua função, já que abordar a política do gozo, como modalização possível do inconsciente, implica o psicanalista no laço social de maneira a fazer valer os fundamentos de seu campo pela causa do desejo. Sendo assim, o princípio de autorização do psicanalista se qualifica pelas incidências do seu ato num Outro lugar, distinto de onde ele era esperado de ser encontrado — o consultório. O problema é que a abordagem dessa questão tende a ser portadora de um caráter missionário. Então, em vez de investir de forma a permitir que o momento da reinvenção se torne possível, investe--se maciçamente na expansão da Psicanálise nos mais diferentes lugares e públicos, como estratégia de conquista de territórios. Não vai ser necessário esperar pelo futuro para sentir os efeitos dessa política. Cada vez mais se recolhem as declarações de ser analista, até mesmo de pessoas que começaram a análise, interromperam e continuam a clinicar muito à vontade. Qualquer menção a um fato como esse é sinal de reacionarismo, ou então de desconhecimento que cada um só se autoriza de si mesmo na sua acepção grotesca.

Podemos ainda avançar sobre outra consequência dessa elaboração da política como montagem de gozo. Trata-se de um passo a mais que é dado no texto que se chama *Televisão*, no qual Lacan vai estreitar a relação inconsciente e política, como política do psicanalista.

O que é essa política do psicanalista? É o riso. Só que o riso, sabemos desde Freud, é algo sério, porque para haver riso são necessários ao menos três elementos, aliás, essa é a diferença entre o chiste e o humor. No nível do humor tocamos na imperfeição, na incompletude da imagem. Ele se aplica em relação a coisas ou pessoas às quais a falta de unidade e a presença de vacilação são patentes. Em relação ao chiste temos uma estrutura ternária, porque um sujeito se dirige a Outro que está além do receptor da mensagem, e é isso que torna, por exemplo, o chiste não repetível.

Havendo uma política do psicanalista, como quer Lacan, ela se realiza pelo riso, portanto, ela condiciona o terceiro e não se aplica mais ao imaginário. Além disso, no momento da constituição do chiste, constata-se que ele é um objeto feito para se perder. O chiste realiza uma comemoração. O do encontro faltoso entre o sujeito e o Outro.

A essa observação "a política do psicanalista é o riso" Lacan acrescenta: desde que isso não seja uma prática solitária, porque não se trata de rir das imperfeições dos outros — o sujeito, ficando numa posição de suficiência, assim como a política do psicanalista só se sustenta pelo riso caso isso possa, de fato, ser compartilhável. Significa que pode haver um laço entre os sujeitos que permita a comemoração da falta, a comemoração daquilo que se perde. Em termos mais rigorosos, isso nos leva a pensar no sentido da constituição dos laços nas comunidades analíticas.

Para que a política do psicanalista se alinhe com essa comemoração da perda é preciso que o saber não encontre no enlaçamento entre os semelhantes uma condição absoluta. As suficiências não riem.

Por isso Jacques Hassoun pode falar no livro *O obscuro objeto do ódio*, que existe na constituição das comunidades analíticas um ponto cego que se estrutura pelo ódio. Na medida em que os sujeitos se distinguem pelo acúmulo de saber, tal desproporção, a cada vez que é abalada em sua condição absoluta, gera ódio. Não por acaso muitos psicanalistas consideraram imprescindível seguir a via universitária, seja a título de pós-graduação, seja a título de seleção, de maneira a estabelecer mais garantias, quando da época em que surgiu a discussão sobre a legalização da Psicanálise em função do episódio com os evangélicos.

Se quisermos nos ocupar, de fato, com a formação dos analistas, precisamos — hoje mais do que nunca — recolocar algumas dessas questões no interior das nossas escolas e instituições. São extremamente problemáticas, até porque é como se depois do advento e da consolidação das escolas de Psicanálise não houvesse mais nada para ser colocado em questão a não ser seguir os seus respectivos programas e propostas.

Quando avançamos no problema do ódio, fazendo essa articulação entre clínica e política do psicanalista, isso vai nos permitir realizar leituras que são responsáveis nos nossos dias pela possibilidade de presença da psicanálise no mundo. O que há de dominante no nosso momento histórico? Fala-se o tempo todo de um esvaziamento das subjetividades. De uma geração para outra, da nossa geração para a dos nossos filhos há uma diferença considerável. Por exemplo, não existe mais interesse pela leitura. Isso é um fato. Os jovens não querem mais ler e isso é uma das formas de êxito do discurso da ciência, uma vez que aquilo que passou a importar são as mensagens codificadas sem a implicação do sujeito que, quando presente, insiste no dizer.

Nos seminários das homossexualidades, no nosso último encontro, pude demonstrar essa questão. Por que essa ideia de os homossexuais quererem participar a todo custo da dinâmica da cultura é solidária de um discurso avançado da ciência nos dias de hoje? Porque, na medida em que se coloca essa participação no meio social como condição maior de valorização, elimina-se qualquer tipo de interrogação sobre aquilo que poderia promover uma causação autêntica para a assimilação desse lugar pelo sujeito. Cada vez mais o discurso da ciência se impõe nessa direção. Consequentemente, a forma de desvencilhar uma interrogação sobre as causas, no sentido simbólico, implica em ter de fazer desaparecer qualquer presença da tradição, porque a presença dela faz que o sujeito tenha de se perguntar num nível outro de determinação que não é somente o da atualidade.

Em *O homem sem gravidade*, Charles Melman fala que não existe mais referência aos textos clássicos. Cada vez mais fica limitado aos psicanalistas e a alguns outros o interesse nas determinações inconscientes e simbólicas que precedem a existência para além da atualidade.

Qual o engodo que persiste? O de que esse desvencilhamento das causações simbólicas levaria o sujeito a viver numa eterna atualidade que, por sua vez, seria inteiramente capaz de dar conta dos dramas da existência. Mas não é o que acontece, porque, quanto mais o sujeito se desvencilha, quanto mais ele recusa aquilo que é a causa das suas ações, mais ele é habitado pela angústia. Determina que, a essa habitação pela angústia, vai ser preciso lançar mão de alguma coisa para preencher esse vazio; o que corresponde, em poucas palavras ao retorno da religião.

Ciência, Religião e Seitas

Os sujeitos passam a acreditar na própria ciência como se fosse uma religião. Dela se esperam milagres e salvações. O curioso é afirmar que a religião está em declínio. Sim, até pode ser que os três grandes monoteísmos não mantenham a mesma potência; entretanto, as religiões se apresentam agora pelas ciências, pelas seitas. Nesse sentido, a questão que é colocada hoje é diferente do problema que Freud discutia na sua época, ainda que a questão freudiana mantenha sua verdade, no sentido de relacionar a religião ao desamparo, assim como a cativação que ela exerce acentuando o sentimento de culpa, a expiação e o sacrifício.

O que recolhemos quando investigamos o problema das seitas não é mais uma instância dita transcendental que sustentava a presença de Deus tal como nos grandes monoteísmos. Assim como o avanço do discurso da ciência traz a degradação dos textos que dão fundamento às tradições, da mesma maneira, no caso da religião, as seitas introduzem a necessidade de abdicar do trabalho de exegese, de interpretação, realizado de forma eminente pela tradição judaica, voltada ao trabalho de decifração da palavra de Deus. Condição que a distingue, já que nela a palavra de Deus foi transmitida pela escrita e exige dos homens um trabalho. Uma vez que se reduz o privilégio do trabalho simbólico da interpretação sobre o sentido do texto sagrado, o que encontramos no trabalho das seitas é uma literalização do divino. É uma apropriação do texto sagrado por um sujeito, para fazer cumprir seus objetivos de regulação da comunidade, transformando o sentido em imperativo.

Ao lermos o Alcorão, por exemplo, vamos encontrar que, de fato, Deus manda eliminar os inimigos, mas Deus manda eliminar os inimigos lá naquela época em que o Alcorão foi escrito. Só que existe outro tipo de apropriação dessa fala de Deus, por exemplo, por uma seita do tipo Talibã, que transforma em inimigo todo aquele que é contrário a fazer barreira aos objetivos de entrada de novos valores. Todo aquele que estiver disposto a realizar um diálogo com o Outro é colocado do lado dos inimigos e, consequentemente, tem de ser destruído. O avanço do discurso da ciência caminha ao lado do retorno da religião, só que se trata agora de outra religião, criada pelo discurso da ciência, como retorno da foraclusão dos fundamentos simbólicos da experiência humana.

Há um limite em relação aos grandes monoteísmos que tem sido explorado até a exaustão pelas seitas. O homem até pode se devotar a uma vida mais virtuosa para encontrar uma salvação no outro mundo, mas é diferente de quando, através delas, encontra-se a possibilidade de resolver os sofrimentos aqui na terra. E a desaparição de todos os impasses implica tão somente a destruição do inimigo. Mas quem é o inimigo?

Ele é o herege. Etimologicamente o herege é aquele que escolhe, ou seja, todo aquele que mantém algum traço de relação com o desejo, que escolhe algo. Para acompanhar a extensão desse problema, vale a pena realizar a leitura do livro de Amos Oz: *Contra o fanatismo*.

TERRORISMO E ÓDIO

No seminário "Fanatismo, ódio e terrorismo", isolei o fanatismo e o terrorismo, porque o fanatismo é um efeito desse retorno do enlaçamento pelas seitas religiosas. Fanatismo significa a transformação do outro, meu semelhante, de forma a que se deixe orientar pela minha Verdade. O princípio dessa transformação é a conversão, ou seja, é preciso que o meu semelhante se deixe converter, mas, se ele não deixar, o trabalho poderá ser feito à força. O que é operatório na conversão pelas seitas é o ódio como eliminação do saber e da verdade. O convertido é aquele que abriu mão do seu saber e da sua verdade para se deixar tomar pela verdade do Outro como uma condição que decide pelo seu destino. De outra parte ilustrei o problema do terrorismo através dos homens e mulheres bomba. Nesse sentido o terrorismo é a condição extremada da disseminação do ódio, já que ele é o triunfo da morte. O terrorista não mantém mais qualquer tipo de relação com a palavra. Não se avisa antes de praticar um ato terrorista, por isso mesmo alguns estudiosos consideram que o terrorismo é o fim da política.

O que o terrorismo traz de novo é uma guerra que não é mais extensão da política, mas, sim, presença da destruição do Outro tornado inimigo. Nesse sentido o terrorismo é o fim da dialética. Quando me dediquei a pesquisar sobre as mulheres bomba pude constatar que há um voto de extermínio presente na explosão delas — promovido e legitimado pelas seitas —, voto esse para que elas explodam literalmente. Uma vez que a consideração sobre a diferença sexual traz tantas dificuldades, é mais rápido e prático um cinto de explosivos. Acaba-se com elas prometendo o céu, que, curiosamente, é diferente do céu dos homens. A mulher tem um homem casto que a espera no paraíso, ou seja, um homem que além de tudo não sabe transar. E ela pode levar 72 parentes no lugar das virgens encontradas pelos homens!

Abordei também a explosão da infância, já que existem crianças que são enviadas para se explodir; doentes mentais são casos mais recentes.

Por que o terrorismo pode nos interessar? Além de exemplificar o ódio como gozo político, ele cativa como promessa de solução definitiva dos impasses através da destruição dos semelhantes. Não preciso estar no Oriente Médio para afirmar isso. Nosso momento histórico é fértil para promover a destruição, o extermínio e a explosão. Se se pode afirmar que o ódio vem do futuro, é mesmo porque ele já se encontra suficientemente expandido entre nós, garantindo seu devir.

Em termos do nosso campo a questão do terrorismo parece conservar sua importância, já que faz agir a morte sem nenhum tipo de restrição, cativando pelo espetáculo que produz. Há ainda uma particularidade a ser sublinhada. Não se trata apenas da eliminação do Outro. No novo templo erguido para adoração de Tânatos, trata-se de por em ato a eliminação do sujeito e do Outro. Recolhemos isso na explosão das Torres Gêmeas. Nos anos 1980 houve uma tentativa de explodi-las com um carro estacionado na garagem lotado de dinamites. Agora o gozo se modaliza pelo martírio de seus agentes.

Se em nosso momento histórico recolhemos esse nível de presença do ódio, isso significa que sua determinação é bem mais avassaladora do que somos levados a admitir quando o assimilamos com certa facilidade a um sentimento de exasperação, de revolta infundada ou de contrariedade em relação a alguma frustração. Tal como o amor, o ódio faz laço.

Tendo em vista a condição de dejeto que o discurso do capitalista promove, não é de estranhar que o ódio compareça como alternativa viável de reconhecimento para os sujeitos, que, através dele, se fazem notar como seres dignos de humanidade.

É certo que quando alguém vai se explodir cumpre, sem saber, o voto de dejeção. Contudo, quando age assim, encontra a possibilidade de ser reconhecido, ainda que seja por aqueles a quem contribuiu para destruir.

Para concluir, recordo a frase de Lacan que se encontra no Seminário 20 — "O verdadeiro amor conduz ao ódio". A recolhemos no capítulo intitulado "Rodinhas de barbante". Nele tem-se um farto material sobre o ódio. O fato de o amor ser causa de divisão justifica seu alinhamento com o feminino como posição do sujeito pelo não todo. Mas, uma vez que ele conduz ao ódio, implica considerar que seu fundamento é o da destruição.

E isso se constata quanto mais esse empuxo lança o sujeito numa deriva em que o falo não comparece mais como termo limite. Em outras palavras, o ódio ao falo é o operador a ser considerado na junção amor-ódio que Freud destacou de forma privilegiada pela transferência. Deve-se notar, ainda, que o ódio ao falo se encontra presente tanto nas homossexualidades perversas quanto na paranoia, ainda que estruturado de maneira diferenciada. No extremo de sua consecução se trata da eliminação de um Outro que pudesse fazer ecoar a Lei; o que interroga sobre o parentesco com a dinâmica da esquizofrenia, uma vez que nela encontramos o sujeito no desterro. Não faltam incentivos, ainda que sua consolidação não seja para todos. No futuro que se constrói agora, a autorização do psicanalista com "alguns outros" indica o termo a partir do qual um antídoto, não todo, para a cativação e a disseminação dos ódios pode ser articulado.

Perguntas e Respostas

Pergunta: O problema do ódio na melancolia é um dos pontos sensíveis para a articulação do que nos ocupa.

Resposta: Para entender a melancolia não só naquilo que é a grande contribuição freudiana — a sua diferença com o luto — é preciso considerar o problema seguinte: Freud afirma que o melancólico é aquele que não faz luto. E define a melancolia pelo negativo, mas o que significa não fazer luto? Significa que ele não perde o objeto, que ele se identifica com o objeto e, nesse sentido, ele pode cometer suicídio. Nesse caso o suicídio é o retorno sobre si mesmo do ódio devotado ao outro, expresso pelo discurso autoacusatório.

Só que existe uma estratégia no melancólico que é pouco comentada — apenas Žižek e Agamben o fizeram. Ele trata o objeto como se tivesse existido. Atribui ao objeto o valor que teria tido se tivesse existido na condição de suficiência para um sujeito. Se o melancólico não faz luto é exatamente porque ele pula uma etapa, ele não viveu a perda do objeto, mas retrata a condição do objeto ter existido na medida em que deixou de existir na plenitude, tornando a existência sem sentido. Mas existe um engodo na melancolia: uma passagem abrupta de nível em que o sujeito melancólico não vive a experiência da perda que, por sua vez, promoveria o luto.

Qual é a patologia do melancólico? É a de não poder haver morte do lado do Outro; consequentemente, não poder haver perda de objeto. Por isso a melancolia é uma construção que, de fato, é enganadora. Parece que o sujeito está chorando a perda do objeto que teve; parece que está arrependido com alguma coisa que existiu, mas isso que ele afirma ter perdido nunca existiu. Ele é que conta como se tivesse existido uma plenitude que confere ao objeto sua condição de totalidade. É como se tivesse havido um Outro que não é castrado, condição essa que alinha a melancolia com a psicose.

Pergunta sobre a perda "desse objeto".

Resposta: Acontece que o melancólico não tem esse objeto perdido. É por isso que ele não faz luto. E para não perder o objeto, o que é que ele faz? Ele se torna o objeto. Sendo assim, ele não vive a perda do objeto.

Há ainda outra questão que os melancólicos colocam e que tem estreita relação com isso que é inteiramente assimilável por um grande contingente do nosso meio. Que questão é essa? Žižek diz que o nosso momento histórico é marcado pela melancolia, e que essa produção da melancolia é insuflada nas universidades americanas. De que forma isso se dá? É nelas que se recolhem as teorizações segundo as quais teria havido um paraíso perdido, por exemplo: o paraíso perdido "África" dos negros, então, você não pode ser um "black man", não, você tem que ser um "afro--americano". E o que é o afro-americanismo? Ele é a suposição de que um dia existiu uma África, berço dos negros puros. A existência dos paraísos perdidos permanece em nossos dias através da ideia comumente consumida nos chamados turismos exóticos. Lugares onde a civilização não chegou nunca. Trata--se da busca de um objeto que não seria substituível, porquanto apreendido em sua plenitude e êxtase. Qualquer parentesco com a toxicomania não é mera coincidência.

Pergunta sobre a questão do terrorismo e do *apartheid*; sobre o efeito nas pessoas que testemunharam essa barbárie.

Resposta: De fato, em meu percurso clínico tenho pouca experiência com pessoas que viveram esse tipo de acontecimento. Cheguei a essas elaborações, boa parte em função da minha experiência com psicóticos, com exceção da correspondência que mantive com o terrorista Unabomber, sobre quem escrevi.

Considero que acontecimentos como esses, seja do terrorismo ou de outros extremos, sujeitos que passaram por um campo de concentração que conseguiram sobreviver a situações de terrorismo, penso que se mantém neles um inassimilável. Afinal, por que Primo Levi deu um tiro na cabeça? Existem acontecimentos que são geradores de mutilação de uma parte da subjetividade que torna frágil a sustentação, impedindo anteparo para a angústia. Muitos dos acontecimentos traumáticos não permitem mais que a defesa se constitua pela angústia, já que ela, angústia, é uma defesa.

Pergunta sobre a relação ódio/política.

Resposta: O que me parece, por exemplo, é que questões como essa que articulam o problema do ódio na ligação com a política, no sentido das montagens de gozo, são importantes para nós não somente para situar os problemas da atualidade, mas para que, de fato, se construam alternativas de intervenção que tornem possível o futuro da psicanálise. Conversávamos ontem à noite com nossa amiga Miriam Debieux, sobre crianças a partir de uma experiência no campo do Direito, que procura reunir a vítima com o agressor, a chamada 'justiça restaurativa'. É uma insistência para que haja simbolização, para que não se responda somente pela vingança e punição desmedidas.

Não interessa tanto se tem uma efetividade à altura do que se espera nos cânones da justiça. Afinal, ainda é possível acreditar no discurso do mestre quando ele se modaliza pelo Direito?

Se não forem os psicanalistas a articular essas questões, quem é que vai fazer? Considerar isso significa poder intervir. Tornar possível a clínica psicanalítica na sua extensão.

Quero agradecer a presença de cada um de vocês e espero que possamos nos encontrar ano que vem para dar início a um seminário sobre a contribuição das psicoses para a clínica do psicanalista.

Tarde de 28 de janeiro de 2008

SOBRE O AUTOR

- Psicanalista.
- Membro Fundador da Escola de Psicanálise de Campinas.
- Responsável pelo Grupo de trabalho sobre as psicoses na Escola de Psicanálise de Campinas.
- Coordena e realiza apresentação de pacientes no Hospital São João de Deus em São Paulo, em parceria com membros do Forum do Campo Lacaniano SP e a direção clínica do hospital.
- Responsável pelo Seminário "Fundamentos da clínica do psicanalista, pelas psicoses", no Centro Clínico Pinheiros, em São Paulo.
- Coordenador do Grupo de discussão clínica, em São Paulo.
- Membro Fundador do Núcleo de Direito e Psicanálise, sediado na Pós-Graduação do curso de Direito, Universidade Federal do Paraná.

Autor de:

- *Moda: divina decadência*. São Paulo: Hacker/CesPuc.
- *Seminário: neuroses e depressão*. Campinas: Instituto de Psiquiatria de Campinas.
- *Por causa do pior*. São Paulo: Iluminuras, em parceria com Dominique Fingermann.
- Artigos publicados em revistas e coletâneas no Brasil e no exterior.

CADASTRO
ILUMI URAS

Para receber informações
sobre nossos lançamentos e
promoções envie e-mail para:

cadastro@iluminuras.com.br

Este livro foi composto em Times pela *Iluminuras* e
terminou de ser impresso nas oficinas da *Meta Brasil
Gráfica*, em Cotia, SP, sobre papel off-whitte 80g.